ゼロから始める

外国人雇用

The guide for hiring

実務ガイド

foreign workers from scratch

在留資格取得から
労務管理まで

2019年4月1日施行の改正入管法に対応

行政書士・社会保険労務士

佐藤正巳
Masami Sato

JN202294

とりい書房

はじめに

日本のおかれている状況と政府の対応

　現在、日本では少子高齢化の影響で、人手不足が深刻化しています。

　この状況から、2018年6月に日本国政府は、国の方針として外国人労働者の受け入れ拡大を打ち出しました。

　2019年4月に改正された入管法により、原則として認められてこなかった単純労働にも、門戸が開かれることになったのです。

　いわゆる全面開放というわけではないですが、農業・介護・造船・建設・宿泊等の14分野の業種に対しては、単純労働系の仕事だとしても在留資格「特定技能」が与えられることになりました。

　外国人が、日本でこれらの業務に就きたいと考えた場合、初級レベルの日本語能力と専門分野の試験に合格すれば就労可能となります。「特定技能1号」の労働者が試験に合格し、「特定技能2号」となれば家族の帯同も認められます。

　とりあえず、2025年までに30万人を超える外国人が、この新たな「特定技能」という在留資格で入国することになり、他の業種に適用が拡大されていけば、100万人近くがわずか5〜6年で入ってくる可能性があります。

　また、従来から認められている就労に関連した在留資格についても、人手不足が深刻化する中、拡大のスピードは止まることはないでしょう。

日本で就労する外国人の現状

①就労目的で在留が認められている人「高度専門職」「技術・人文知識・国際業務」「介護」「医療」など	276,770人
②身分に基づき在留する人「日本人の配偶者等」「定住者」「永住者」「永住者の配偶者等」など	495,668人
③技能実習	308,489人
④特定活動（経済連携協定に基づく外国人看護師や介護福祉士候補者など）	35,615人
⑤資格外活動「留学生」や「家族滞在」のアルバイト	298,461人
合　　計	1,460,463人

厚生労働省「外国人雇用状況」2018年10月末現在

今後の企業の課題

これからの時代、外国人労働者に対しても労働基準法その他法的な保護を
しっかりと行っていくことが重要なテーマになってきます。

かつての日本では、研修・技能実習制度が単純労働の裏道として利用され
ていました。日本で受け入れてきた多くの研修・技能実習生の実態は労働者
なのに、法的な保護を受けられず、最低賃金を下回る給与しか支払ってもら
えないケースや、中にはパスポートを押収されてしまった研修生もいました。

2019 年 4 月の入管法改正により、人手不足を外国人労働力で補う必要性
から 14 の産業（特定産業）が認められたことで、企業側にも大きな意識改
革が必要となります。

> ・外国人への労働条件の明確な説明
>
> ・外国人の疑問に応える社内体制
>
> ・外国人の居住スペースの確保
>
> ・日本人社員とのコミュニケーション
>
> ・日本の企業文化に対する理解
>
> ・外国人の生活習慣や文化に対する理解
>
> ・自社に合った外国人社員の採用と活用
>
> ・外国人に対する税法の適用に対する説明
>
> ・在留資格に対する正しい理解

2019 年 5 月より令和の時代がスタートしましたが、これからの 30 年は「少
子高齢化」の深刻さの度合いが増し、日本の「多民族国家化」への道が進ん
でいくと予想されます。まさに増え続ける外国人と日本人の共生社会を実現
するための動きが求められる時代です。

当書は、新時代の外国人雇用の実務について初めての方にも分かりやすい
ように解説してあります。日々の実務にご活用いただければ幸いです。

人事担当者がミスしてはいけない 10 のポイント

The 10 most important points

外国人社員を雇用するにあたり、勘違いが発生するケースや、ミスをおかし易い 10 のポイントを解説します。誤った理解は、在留資格の申請を行うに当たり、致命傷となり採用計画が実現不可能になるケースもありますので、注意が必要です。

01 ▶ 外国人社員の住所の届出

外国人が日本に入国し、会社で働くことになりました。しかし、その社員は、借り上げ社宅に住んでいるためか日本の法律に関する知識が乏しく、転入届を居住地の市役所に提出していませんでした。会社も借り上げ社宅に住まわせているという意識から外国人社員が転入届を出しているかどうかまったく関知していませんでした。

このようなケースだと、入管法違反になり、次回、在留資格の更新手続きをするときに、大きな問題となります。

02 ▶ 外国人社員の家族の就労

外国人社員が、既婚者である場合、パートナーも就労しているケースがあります。就労系の在留資格を持ち、フルタイムで働くことは問題ないのですが、『家族滞在』の在留資格で働いていると、28 時間までのパートタイマーとしてしか働くことはできません。このことを知らずに、フルタイムで働いてしまうと、地方出入国在留管理局から在留資格を取消しされる可能性もあり、貴社の社員の在留資格更新にまで悪影響が出る可能性があります。問題が起きてからでは遅いので、この点、人事担当者が状況の把握をしておくことが重要です。とく

に、家族が、資格外活動許可がないままアルバイトをすることは、厳禁だという事を外国人社員本人とその家族に伝えておかなくてはなりません。

03 ▶ 犯罪歴のある外国人の雇用

外国人が、過去に日本で麻薬取引を行っていた場合や、暴力事件を起こしていた場合などは、その記録が残っており、地方出入国在留管理局が就労系の在留資格を不許可にするケースがあります。基本的に、素行不良と思われる外国人には、就労系の在留資格を与えないという明確な方針がありますので、採用にあたり注意が必要です。人事担当者の知識不足により、採用を予定していた外国人が、過去にオーバーステイで退去強制になった人材であるのに、まったくその事実を知らず、不許可となった事例もあります。

あらかじめ、採用面接の際にオーバーステイや犯罪履歴がないか確認をしておかないと、双方にとって不幸な結末になります。

04 ▶ 外国人社員のアルバイト

外国人社員が、より収入を増やしたいということから、アルバイトをすることがあります。例えば、『技術・人文知識・国際業務』の在留資格を持った外国人が、仕事のない日に大学で非常勤講師をするような場合は、資格外活動許可を得てから、働くことになります。『技術・人文知識・国際業務』の在留資格を持っている外国人が、会社の就業時間外に、英語の教師として語学学校でアルバイトをするようなケースも認められます。

ただし、ホワイトカラーの在留資格である『技術・人文知識・国際業務』、『企業内転勤』の在留資格を持つような外国人社員が、アルバイトで、レストランのウエイターとして働くことやスナックの接客業務を行うようなことは、原則として認められていません。この点、人事担当者が、確認を怠ると、本業についても在留資格を取り消され、あるいは、更新の許可がでないという事態に陥ります。「外食産業」でアルバイトができるのは、資格外活動許可をもつ「留学」や「家族滞在」の在留資格の外国人か、「永住者」、「定住者」等の身分系の在留資格を持つ人が対象となります。

05 ▶ 在留資格の理解不足

　人事担当者が、在留資格について正しい知識を持っていないと、働くことを認められている在留資格を有する外国人が、その在留資格で認められた範囲を超えて仕事をするということを容認してしまうケースがあります。

　例えば、『教育』という在留資格がある外国人については、中学校や高校の教師として契約を元に就労が認められているので、資格外活動許可も取らずに企業で、広報やマーケティングの仕事をすることはできないのです。もし、コックさんなどにしか認められていない『技能』の在留資格の人が、普通の会社で事務員として働いているようなケースがあったとすれば、それは、明らかな入管法違反です。何らかの在留資格をもっていれば働けるというものではないのです。

06 ▶ 日本人と離婚した外国人社員の取り扱い

　日本人と結婚した外国人に関しては、『日本人の配偶者等』の在留資格を取得しているのが、通常のパターンです。ところが、不仲になり、離婚してしまうケースも少なくありません。この場合、日本人との婚姻期間が、実態を伴い 3 年以上継続したようなケースであると、外国人の在留資格が、『日本人の配偶者』から『定住者』へと変更が認められる場合があります。あるいは、その外国人が、大学卒業かそれに準じるレベルであれば、就労系のビザへ変更することが出来ます。

　ところが、そのどちらにも当てはまらないようなケースだと、在留資格の更新や変更が、不許可になり、その外国人は、国に帰らなくてはなりません。在留資格の更新の不許可通知が外国人に渡された日に、その外国人社員を即時解雇しなければなりません。

　なぜなら、身分系の『日本人の配偶者等』が、認められなかったために、就労できるという活動に完全な制限がでてしまいます。この場合、就労できない内容の指定書がついた『特定活動』に在留資格が変えられてしまい、従来の在留カードは、無効になってしまいます。それに加え、職権で、地方出入国在留管理局から各市長村に連絡が入り、即日住民票が抹消されてしまいます。その外国人は、1 ヶ月以内に日本から出国しなければならなくなり、

不許可通知が渡された後、もし就労が見つかれば入管法違反で、厳しい罰則が待っています。帰国準備という内容のことしかできないのです。

この、不許可通知は、突然、地方出入国在留管理局から呼び出しがあり、訪問したその日に渡されてしまいますので、企業の担当者も、外国人社員が日本人の配偶者と離婚した場合、最悪、会社に在籍できなくなるという覚悟をもつべきでしょう。

07 ▶ 在留期限の管理

外国人社員で、有効に働く権利を有する人については、基本的に在留カードがあるはずです。この在留カードには、有効期限があり、この期限の3ヶ月前から更新の申請ができるようになります。永住権を持つ外国人についても、カードには7年後の在留カードの有効期限が、明示されています。

外国人社員の場合、海外へ出張等で行くケースも想定されますので、どのタイミングで、継続的に雇用する外国人の更新手続きをするのか把握しておくことが求められます。

期限までに帰って来ないと、在留資格を一度失うこととなり、ゼロからまたその外国人社員の在留資格の取得手続きをしなければならないという事態になります。

地方出入国在留管理局への申請のために、企業の人事労務担当者は、外国人社員管理専用のファイルを用意して、個人別に管理しておくなどの配慮が求められます。

08 ▶ 契約文書の説明

外国人を雇用する場合には、労働条件通知書を渡すか雇用契約書を交わすのが通常のパターンですが、外国人が、日本語で書かれた契約内容を正しく理解できない場合があります。その場合は、その外国人の母国語や英語に翻訳したものを用意し、本人に内容を解説しておくことが重要です。労働条件について、お互いが違った認識でいると、後にトラブルの原因になります。在留資格取得との関係から、もし在留資格の取得が不許可になってしまった

場合には、採用そのものが取消しになる旨は、文章にして明示することが求められます。

とくに、労働時間や休暇に関する取り扱いは、トラブルの起きやすい分野なので、丁寧に説明をすることが求められます。

09 外国人の能力の把握と担当業務のマッチング

外国人社員を採用するに当たり、企業として面接をしたり、書類選考をしたりします。このときに重要なことは、その外国人が、どのような学問を勉強してきて、その知識が自社においてどのように活かすことが可能か、判断をすることです。

日本語中級というように履歴書に記載がある場合、どのようにして今まで日本語を勉強してきたのか、日本語検定は受けているのかなどを確認します。

日本の企業で働く場合は、日本語の能力が求められますので、実際に会話等を通じて、どの程度業務に対応できる人材なのかを見極めるようにしてください。

さらに、その外国人社員が、どのような学問を勉強してきて、学生時代の知識が、御社にとってどのように活用されるものなのか、地方出入国在留管理局に説明をすることを前提に、まとめあげていくことが重要です。外国人の能力と担当することとなる業務内容が、ある程度相関関係にあるということが、許可を得るためのポイントです。そのことを、何も考えず、とりあえず、アメリカ人やカナダ人なら誰でもいいというようなレベルだと、いい結果は期待できません。

企業の失敗例で、専門学校のピアノ学科を東京都内で卒業したイギリス人に、ピアノを会社で演奏させると書いて不許可になった事例があります。このケースにおいては、外国人が、日本語堪能で、英語に翻訳する力もあったので、社長の代わりに、海外の音楽制作のプロダクションと交渉して、録音をした曲を、日本に輸入するという実務を担当するというものでした。ところが、日本側の音楽プロダクションの社長は、外国人の専攻がピアノだから、会社でピアノを弾かせるとでも書けばいいと勘違いして申請書類を作成し、地方出入国在留管理局から不許可をもらうことになってしまいました。その

後、当事務所で業務を担当し、正しい内容で、再申請をして、無事許可を得ることが出来ました。

外国人を採用することを経営方針として決めた企業であれば、その背景にあるのはどのような理由なのか説明をする必要があります。

実際、中小企業の場合、知名度がないことから何を専門にする企業なのか、あるいは、本業とは違う新規事業を立ち上げた場合は、その詳細な内容について説明を求められます。企業の担当者として、自社がどのような企業で、何を目的に企業活動を展開しているのか、企業活動の中で、どのように外国人の人材を活用していくのかについて的確に伝えていかないと、地方出入国在留管理局の審査官も理解をすることができません。

とくに、新規に生まれたベンチャー企業の場合、業種そのものが新しく、何をどこに売ることにより収益を得ることのできる会社なのかイメージできない場合があります。例えば、スマートフォン向けの広告を行う企業と記述しても、なぜその企業に外国人が求められるのか説明ができないケースがあります。外国人を採用することにより、その事業展開がどう変わるのか、どのようなメリットがあるのかについても説明が必要です。

さらに、どのような業務を具体的に担当してもらうことになるのか、その業務を遂行するためには、コンピュータの知識や語学力その他どのような専門知識が必要となるのかなど、できる限り詳しく文書で説明をします。

出入国在留管理庁は、企業の安定性と継続性というテーマを重視します。創業間もない企業の場合は、自社が可能性の高いマーケットを相手に、どのようなサービスあるいは、商品を販売することにより、今後、安定的、継続的に成長ができるかという視点から申請書類をまとめあげることがポイントです。

これからの時代は、日本社会の少子高齢化が進み、ますます外国人労働者の必要性が増していくものと思われます。企業として、成長戦略の中に外国人社員の活用ビジョンを組み入れていくことが重要です。

目 次

第**3**章　外国人の入社と届出　　　　　　　67

第4章 新しい在留資格「特定技能」とは？ 119

01 「特定産業分野」と「特定技能」･･････････････････････ 120

02 受入れ機関に関するQ＆A ･･････････････････････････ 123

03 新しく外国人を雇用する事業主が知るべきポイント ･････ 129

第1章
外国人の採用実務

The guide for hiring
foreign workers from scratch

01 外国人の採用を
どのように行うか

　企業の国際化が進むにつれて、外国人を採用する機会も増えています。従来は、大企業が中心だった外国人雇用も、現在では中小企業にまでその流れは広がりをみせています。

　外国人が、日本に滞在し、一定期間働くためには、就労可能な在留資格が必要になります。就労が許される在留資格をもっていなければ、外国人は企業で働くことはできません。外国人の就労に関し、審査をするのは、法務省に属する出入国在留管理庁の地方出入国在留管理局です。

　一般的には、企業が外国人の採用を決めるときには、7つのパターンがあります。1番目は、日本で留学生として勉強している外国人を、卒業するときに採用するケースです。2番目は、海外に人事担当者等が出向き、採用する人材を決めるケースです。3番目は、日本の他の企業で在留資格を持ち働く人を、転職の形で受け入れるケースです。4番目は、すでに日本人の配偶者等身分系の在留資格を取得している人を採用するケースです。5番目は、短期滞在の在留資格で、日本に来ている人材と面接し、採用を決めるケースです。そして、6番目は、海外の子会社の人材を本社に受け入れるケースです。7番目は、家族滞在として滞在する外国人を社員として採用するケースです。

　その他にも、在日アメリカ軍の兵士が退役して、一般企業で働く場合の在留資格、ワーキングホリデー（特定活動）から就労系の在留資格変更等、マイナーなケースがあります。2019年4月から入管法の改正により創設された「特定技能」の場合は、該当する業務に必要な技術水準を有することを説明する資料（試験の合格証等）を提出しなければ許可を受けることができません。他の在留資格に比べ手続きが特に厳格になっていますので注意が必要です。ここでは、特に実務担当者が多く目にするケースをパターン別に解説します。

1 ┃ 外国人採用のパターン〜企業の国際化と外国人社員の採用パターン〜 »

パターン1　留学生の採用

　日本には、数多くの留学生がやって来ており、卒業後も日本に留まり、就職を希望するケースが増えてきました。

　この場合、「留学」から「**技術・人文知識・国際業務**」への在留資格変更の手続きが必要となります。

　以前は外国人が、文系の学科を専攻して卒業した場合には、「人文知識・国際業務」、そして理系の科目を卒業した場合には、「技術」の在留資格が与えられることになっていましたが、現在は両者が一体化し、「技術・人文知識・国際業務」の在留資格となっています。

　外国人留学生を採用する際に注意が必要なのは、学生時代に何を専攻し、どのように自社の業務と結びついていく人材なのかを判断することです。

　例えば、採用後、ITエンジニアとして働いてもらおうとしているのに、その外国人留学生には、ITを勉強した経歴がなく、文学しか分からないというのでは、雇用のミスマッチとして出入国在留管理庁が、許可を出さないケースが考えられます。

　2019年4月からは「**特定技能**」という新しい名称の在留資格が設けられ、留学生が在学中に日本語能力試験N4（基本的な日本語を理解することができるレベル）以上の日本語レベルを有し、特定技能試験に合格すれば、宿泊業や外食業、ビルクリーニング等の14の産業で働くことができるようになりました。

　在留資格の変更の許可を取るためには、それなりの説明が求められるので、この点は人事担当者としても注意が必要です。外国人の場合、入社後は、どのような仕事を具体的に担当してもらうことになるのかを明確に決めておき、その内容を「申請理由書」という形にまとめて提出するとよいでしょう。

パターン2　海外で外国人と面談して採用を決める場合

　国際化の進展の中、将来海外の拠点で幹部社員として働いてもらうような

0章
はじめに

1章
外国人の採用実務

2章
外国人の入国
（在留資格と在留カード）

3章
外国人の入社と
届出

4章
新しい在留資格
「特定技能」とは？

5章
外国人の労務管理

場合は、その進出を予定している国で、大学卒業者と面談をして、自社にふさわしい人材かどうかを判断し、採用を決めるケースがあります。

このような場合では、日本の会社の子会社において働いてもらうわけですから、日本の商習慣を学び、あるいは、実務を通して仕事そのものを習得する目的で、採用した社員を日本に招聘（しょうへい）するケースがあります。

実際、海外においてすでに子会社が立ち上がっており、まず、そこで1年以上働いた実績があるような場合では、「**企業内転勤**」という名称の在留資格で働くことが可能です。通常、日本の会社で働いてもらうためには、「**技術・人文知識・国際業務**」の在留資格認定証明書交付申請を行わなければなりません。

実際、外国人の社員を現地で採用する場合には、履歴書の他、その人材の卒業証明書や卒業証書のコピーを入手する必要があります。さらに、国際的に通用する資格を取得しているような場合には、そのライセンスのコピーも入手しておくことがよいでしょう。とくに、日本語能力試験のN1（幅広い場面で使われる日本語を理解することができるレベル）の資格を取得している場合は、審査上有利に働きますので、採用予定の外国人から合格証明書のコピーを入手するようにしてください。

パターン3　日本において他社で働いていた人材を受け入れる場合

すでに日本の他社において就労していた人材を受け入れる場合、注意点がいくつかあります。その外国人が担当する業務が、その在留資格の該当性にマッチするかどうかというのが、第1のポイントです。

例えば、先月までレストランでコックとして働いていた中国人を、そのままの在留資格にて貿易業務で働かせるようなことはできません。ただし、この中国人が永住権を持っているとか、永住者の配偶者や日本人の配偶者といった身分系の在留資格を持っているのであれば、就労に制限がないので、このような転職をしたとしても在留資格の問題は生じません。

実際は、「技能」という名称の在留資格を持って活動するのがコックの場合の原則ですから、通常「技術・人文知識・国際業務」という名称の在留資格を必要とする貿易業務を展開する企業で受け入れることは、不可能です。

実務上、在留資格の知識を持っていない人事担当者が、勘違いで有効期限のある在留資格であれば何でもいいと思ってしまうと、入管法に違反した状態で、外国人を雇用することになってしまいます。

もし、すでに他社勤務を経験している場合で、かつその人材が日本に住んでいるケースでは、有効な在留資格を待っている可能性が高いです。この場合は、在留カードを確認することにより、その外国人が有効な在留資格を持っているか、いつまで日本にいることのできる許可を得ているのかを確認することができます。

他社で勤務していた人材が、自社で働いても問題がないかどうかの確認は、「就労資格証明書交付申請」の手続きを出入国在留管理庁で行うことで確認が可能です。この証明書は、外国人が自社で働いても問題がないという在留資格の適合性を証明してくれるものです。例えば、A社で貿易業務に従事していたXさん（技術・人文知識・国際業務）が、B社で同じく貿易業務をすることについて問題がないかについて審査されるもので、本人と会社の業務内容と、財務内容等が審査の対象になります。新しくXさんを採用するB社のほうが、小規模で、安定性がなく、赤字体質で、給与水準も極端に低い等の悪条件が重なると許可が下りず、Xさんは日本で働くことが出来なくなる可能性があります。

パターン4　身分系の在留資格を持つ外国人を採用する場合

企業が外国人を採用する場合、一番安全に雇うことができるのが、**身分系の在留資格**を持つ外国人でしょう。

具体的には、日本人と結婚をして、日本に住んでいる外国人、永住権を持つケース、永住者と結婚しているケースが挙げられます。

この他に、「定住者」と呼ばれる在留資格を持っている場合にも、企業はその外国人を雇用することができます。

多い事例では、日本人と結婚していたけれども、離婚することになり、出入国在留管理庁から「定住者」の在留資格を与えられた場合です。その他、外国人女性の連れ子として日本に入国した場合や、先祖が日本人だった日系ブラジル人やペルー人等が、この「定住者」の在留資格をもっているケース

があります。

　実際、溶接工や建設労働者として働く外国人の中には、この「定住者」の在留資格で働き続けている人も多いのが実情です。今まで単純労働による就労を認めていなかった日本の在留資格制度の例外のようなケースなので、「特定技能」で指定された単純労働以外の業種においても採用することが可能です。

　実際の実務担当者として気をつけなければならないのは、日本人の配偶者の資格で働いていた外国人が離婚した場合、必ず変更申請により「定住者」の在留資格を与えられるとは限らないことです。

　例えば、その外国人が日本人と結婚してから３年未満である場合や、ある程度の年数の婚姻期間があっても実態として別居しており、出稼ぎ目的の労働者のような形で働いていると判断されると、出入国在留管理庁はその外国人に対し「定住者」の在留資格を与えないことが多いです。

　この場合、その外国人が大学を卒業しており、その勤務先の業務とある程度関連性のある学問を勉強してきたようなケースであれば、在留資格変更申請を行うことにより、就労系の在留資格を取得することが出来ます。

　ところが、その企業における外国人の業務内容が、「特定技能」にも該当しない荷物の運搬等単純作業である場合、身分系の在留資格から就労系の在留資格に変更をすることが困難になります。この場合、もはやその企業は、身分系の在留資格を喪失したこの外国人を雇用し続けることが出来なくなります。

　外国人が離婚した事実を伝えず、かつ在留資格の該当性がない状態で雇い続けると、企業側も不正就労助長罪として罰金等の不利益を受けることになります。

パターン５　短期滞在で日本に来ていた人を雇用する場合

　短期滞在で日本に職を探しに来る外国人もいます。特に、母国で日本語の勉強をしてきて会話力もあり、日本の文化やビジネス習慣に興味を持つ外国人にとって日本企業にあこがれ、就職を希望することがあります。

　企業が国際化の進展の中で、自社の今後のビジネス展開にとって有益な人材として、採用することを決めた場合、手続きなしですぐに自社で社員として働いてもらうわけにはいきません。

このようなケースのときには、まず採用予定の外国人について「在留資格認定証明書交付申請」（P.41 参照）という手続きを行わなければなりません。

この手続きを経て、初めて日本に外国人を招聘することができるのです。この手続きを行うために、まず採用予定の外国人の基本的なデータを把握しておくことが肝要です。

労働契約（労働条件）の内容を文書にしておくことは絶対的に必要ですし、いつからどのような内容の仕事をしてもらうこととなったのかを出入国在留管理庁側に説明できるようにしておかなければなりません。特に、採用予定者に対し、報酬を月額でいくら支払うかは審査の上で、非常に重要なポイントです。基本は、日本人と同等以上の報酬額の保障です。

日本で面接した際に、外国人の卒業証書（あるいは卒業証書の写し）がない場合は、すぐに申請が出来なくなりますので、あわせて取り寄せておくことが必要です。現在では、大学程度の学歴を持つ外国人に加え、専門士、高度専門士に該当するような称号を付与されたケースまでは、在留資格が与えられる対象となっています。さらに、大学卒ですぐに日本で就職を希望する場合を除き、本国で就労した経験がある外国人の場合、その経歴書を提出する必要があります。

パターン6　海外の子会社から人材を受け入れるケース

企業の国際化が進む中、海外に多くの子会社や孫会社を持ち、人事交流や、人事異動を行う等の理由で、外国人社員が日本で働くケースがあります。このようなときには、「**企業内転勤**」という在留資格が、該当する外国人に与えられることになります。

ただし、何でもかんでも資本関係があれば、その資本関係の企業の社員を日本で長期に働かせることができるという制度ではありません。基本的には、100％親会社が出資しているのであれば、曾孫会社の社員まで呼べるという運用が採られています。

一方、出資比率が50％を切り、かつ株主総会を支配できるだけの関係になっていない場合は、「**企業内転勤**」の名称で、外国人社員を招聘することは許可にならないケースが多いです。日本にある法人と外国法人の出資関係を証明

する資料を提出しなければなりませんので、ここが、重要なポイントとなります。

　外国人社員を招聘（しょうへい）する場合、基本的には「技術・人文知識・国際業務」の在留資格を与えられるべき業務を担当する人材で、かつ1年以上その企業で勤務した実績があることが求められます。

　企業内転勤の場合では、転勤命令書の写しも提出しなければなりません。もし、違う法人である場合は、労働契約書の写しも提出しなければなりません。さらに、外国人社員が日本に来る際の地位が役員である場合には、役員報酬を定める定款の写しまたは役員報酬を決議した株主総会の議事録の写しも必要です。

パターン7　家族滞在として滞在する外国人を社員として採用する場合

　夫婦で外国人の家族が来日し、ご主人あるいは奥様が法人に勤務している場合、働いていない配偶者の在留資格は「**家族滞在**」ということになります。

　家族滞在の場合でも、資格外活動許可を出せば、週28時間までアルバイトをすることが認められています。

　実際、企業でアルバイト社員として働いていた外国人が、企業の担当者から気に入られ、正社員としての採用を検討してもらえることもあります。

　もし、その「**家族滞在**」の在留資格を持つ外国人が大学を卒業している場合、在留資格の変更申請が認められ、「技術・人文知識・国際業務」の在留資格を取得することが出来ます。このケースでは、本国で大学を卒業したことを証明する資料を提出する必要があります。また、企業の業務内容とその人材が勉強してきた内容が、ある程度相関関係があることを証明する必要があります。

　実務の中で、ベトナムから来た看護師で医療の在留資格を持つ女性の旦那さんが、「家族滞在」の在留資格で来日したケースがあります。この男性は、ベトナムの大学で電子工学を専門としていたので、技術者として航空機等の電子部品メーカーの会社でアルバイトをしていました。アルバイトで優秀な人材だと認められ、正社員として採用されることになりました。このときは「家

族滞在」から「技術・人文知識・国際業務」への在留資格変更が認められました。

　なお、高度専門職の配偶者の場合は、大学を卒業していなくとも「**特定活動**」という名称の在留資格変更が認められ、フルタイムで働くことができます。

　「家族滞在」で在留している外国人の場合、N4 以上の日本語能力があり、「特定技能 1 号」の技術水準試験に合格していれば該当する特定産業に属する企業に所属し、職務内容にも該当性があれば、在留資格変更申請により通算 5 年間まで有期雇用で働いてもらうことができます。

COLUMN　外国人家族の健康保険の扶養認定は国内居住に限定

　外国人家族の公的医療保険は国内居住に限定される方針です。

　外国人労働者が増える中、日本の健康保険から給付を受けられる扶養家族は原則として 2020 年 4 月より日本国内の居住者に限られることとなりました。

　企業が運営する健康保険組合については、加入者本人だけではなく扶養家族として保険が適用されていました。そのため外国人労働者が母国の親や配偶者、子供の医療費を日本の健康保険で賄うこともありました。

　外国人の労働者関連の医療費膨張を避けるための法改正です。

　外国人の場合、就労系の在留資格で親を招聘し 3 ヶ月以上日本で住むということは現実的に一部の高度専門職の在留資格を除きほぼ不可能です。

　在留資格が「特定活動」のうち“医療を受ける活動”または“その方の日常の世話をする活動”の方も対象外です。「家族滞在」の対象外となる親については日本の公的医療保険でカバーすることが原則できないことになります。

　つまり、国内居住要件で親の医療費を日本の健康保険で賄うことは難しいのが実情です。この問題が、今後外国人労働者にとって不満の種になる可能性が大きいです。

0章　はじめに

1章　外国人の採用実務

2章　外国人の入国（在留資格と在留カード）

3章　外国人の入社と届出

4章　新しい在留資格「特定技能」とは？

5章　外国人の労務管理

02 外国人採用のために企業として準備する書類

1 企業が準備しておく書類の種類

☞ 採用する会社も出入国在留管理庁から審査されることになる

　外国人を採用する予定の企業は、企業側も審査されることになりますので、必要書類を用意することが重要です。出入国在留管理庁は、審査のキーワードとして「**安定性**」、「**継続性**」という表現を使用します。財政基盤がしっかりとしていて、社員や設備も整い、安定的に顧客から注文を受け、事業展開がされているかどうかが判断されます。

　企業側が、出入国在留管理庁から求められる書類は、「①財務状況を示す書類」、「②会社案内もしくはこれに該当する書類」、「③雇用契約書もしくは雇用条件通知書に該当する書類」になります。最低でも、外国人に日本人並みの給与を雇用する期間において支払い続けることができる安定性のある企業でなければ、外国人にかかる申請は、企業審査という入り口で終わりになってしまいます。

☞ 財務状況を示す書類で自社の安定性をアピールする

　財務状況を示す書類は、損益計算書と貸借対照表があればいいのですが、企業として外国人を雇用できるだけの財力があるかどうかを審査されることとなります。企業の安定性を示す指標として、財務関連の資料の写しの提出義務があるので、赤字体質で倒産の危機があるような場合、企業側の理由で申請が不許可になることがあります。新しい在留資格「特定技能」の場合、企業が2年間の財務状況を示す資料を提出しなければなりません。

☞ 会社案内は視覚的に理解されやすいものを用意する

　会社案内については、その会社がどのような歴史を歩んできた会社であるか、どのような商品やサービスを提供して経済活動を営んでいるのかどうかを理解するための重要な資料となります。

　出入国在留審査官も初めて接する企業や業態であると、外国人を本当に必要とする企業なのか、日本人でも対応できる仕事ではないか、単なる単純作業に該当するのではないかというように疑問を持つケースが多くなります。その意味で、図や写真等視覚的に審査官の理解を助けるような資料を添付することが重要です。

　「特定技能」のカテゴリーに入る職種と産業であれば附随的に単純労働も認められますが、その他産業の場合は不許可となりますので注意が必要です。

☞ 日本人と同じ給与水準でないと認められない

　外国人の採用を考えている企業が誤った認識で不適切な労働条件通知書や雇用契約書を作成してしまうと、出入国在留管理庁への申請が不許可になります。実際にあった事例で私が企業から相談を受けたものでは、韓国人の留学生 3 人採用予定の企業が不許可になったもので、雇用契約書に問題があったにもかかわらず、採用担当者の視点では気がつかなかった事例でした。

　日本国内で、外国人の大学卒業者に働いてもらう場合には、日本人の学卒と同じ給与水準にしなければならないのに、その企業では、韓国の学卒の給与水準を日本円換算で計算した場合、日本人に比べ半分くらいだからという理由で、11 万円の給与しか明示していなかったのです。外国人が、安い労働力だと勘違いしている面があるのでしょうが、日本国憲法の精神から「法の下の平等」が基本であり、労働基準法上も労働条件に関する差別的な扱いを禁じています。

　外国人と交わす労働条件にかかる契約書は、労働基準法の 15 条に定められている内容に合致するように作成されるべきものです。

31

☞ 企業の信頼度によって4つのカテゴリーに分類される制度がある

　会社側が、外国人を雇用するに当たり、在留資格申請手続きの中で提出が必要となる書類があります。出入国在留管理庁側が、提出を求めている書類を準備できない場合、申請しても実際不許可になり、外国人を採用することが不可能になります。

　出入国在留管理庁では、外国人の就労に関する在留資格の申請のときには、企業の規模（法定調書合計表の源泉徴収税額によるランク付け）により、提出書類が異なります。これらは、カテゴリー制と呼ばれます。もっとも、出入国在留管理庁からの信頼度の高いランクは、カテゴリー1と呼ばれます。

☞ カテゴリー1と2に分類された会社は資格認定が受けやすい

　カテゴリー1に入るのは、日本の証券取引所に上場している企業、保険業を営む相互会社、日本または外国の国または地方公共団体、独立行政法人特殊法人・認可法人・日本の国・地方公共団体認可の公益法人、法人税法別表1に掲げる公共法人となります。

　カテゴリー2は、かなり企業規模の大きなところを対象としたもので、前年分の給与所得の源泉徴収票等の法定調書合計表中、給与所得の源泉徴収合計票の源泉徴収税額が1,500万円以上ある個人・団体が入ります。

　例えば、「在留資格認定証明書交付申請」をする場合でも、カテゴリー1とカテゴリー2に関しては、在留資格認定証明書交付申請書を記載し、外国人の写真（3cm × 4cm）、返信用封筒（切手を貼ったもの）と、カテゴリー1か2に該当することを証明する文書の写しを提出することで簡単に在留資格交付申請は受け付けてもらえます。

　もし、採用を予定している外国人が、専門学校の卒業である場合には、専門士、高度専門士の称号を付与されたことを証明する文書を提出する必要があります。

☞ カテゴリー３と４の会社は採用に関し詳しい説明が必要

　これに対し、その他の大部分の企業が該当するカテゴリー３と４は、多くの書類を求められます。カテゴリー３は、中小企業が外国人採用の際に割り当てられるカテゴリーです。また、カテゴリー４は、新規に設立された企業等が主な対象になりますので、事業計画書等、地方出入国在留局審査官が業務内容や外国人が担当する職務内容について理解できるような詳しい説明が、企業にとって必要になります。

０章
はじめに

１章
外国人の採用実務

２章
外国人の入国（在留資格と在留カード）

３章
外国人の入社と届出

４章
新しい在留資格「特定技能」とは？

５章
外国人の労務管理

３ ｜ 労働契約に関する書類の提出 　》

☞ 会社は外国人を雇う際、雇用契約書を結ぶ義務がある

　労働契約書は、労働条件通知書という名称で明示されることが多く、厚生労働省のホームページからでもその雛形が、ダウンロードができるようになっています。日本語だけではなく、英語や中国語、韓国語版もあります。外国人が企業に採用された場合、どのような仕事に就き、どのような条件で働くことになるのかを文書の形でまとめなければなりません。ベトナム人も増えていますのでベトナム語に訳した雇用契約書も今後は必要になってきます。

　具体的には、労働基準法第15条第１項および、労働基準法施行規則第５条に基づき、労働者に交付される労働条件を明示する文書の提出義務があるのです。

☞ 労働契約の書類では５つの項目

　労働契約の中には、(1) 労働契約の期間 (2) 終業の場所、従事すべき業務 (3) 始業および終業の時刻、所定労働時間を超える労働の有無、休憩時間・休日・休暇、労働者を２組以上に分けて交替に就業させる場合における就業時転換に関する事項 (4) 賃金（退職金、賞与等を除く）の決定・計算・支払の方法、賃金の締め切り・支払時期 (5) 退職に関する事項という５項目を書面にて明示しなければなりません。これらの内容に、労働基準法違反の記載項目があると、申請が不許可になるのは確実です。

　とくに注意しなければならないのは、賃金の部分です。外国人だからといって、他の同年代の日本人と同じ内容の業務をしているのに賃金格差をつけた内容の労働条件を明示したり、最低賃金を下回るような内容の労働条件を労働条件通知書に記載すると、企業としての品位まで疑われることになり、申請は不許可になります。とくに2019年4月からは「同一労働同一賃金」について厳しくチェックされるので注意が必要です。

　実際、外国人を安い賃金で使用しようと考える企業が多く、このような価値観の企業は、出入国在留管理庁から外国人を雇用するのに不適格というレッテルを貼られてしまいます。いわゆるブラック企業です。

　出入国在留管理庁が、実務の中で求めてくることが多いのは、外国人の担当する業務に関しての詳細な説明です。外国人が、担当することになる業務に求められる知識にはどのようなものがあるのかをできる限り分かりやすく解説する文書を別紙で提出することもよくあります。

　なお、労働契約に関する文書では、外国人が日本語を理解できない場合において、英語版やその他の言語版も必要に応じて準備する必要があります。

4 | 外国人が役員に就任する場合 »

　もし、採用する外国人が取締役業務部長等、日本法人における役員としての職位を用意されている場合は、企業として準備する書類が違います。この場合は、「役員報酬を定める定款の写し」又は「役員報酬を決議した株主総会議事録、（報酬委員会が設置されている会社においては報酬委員会の議事録）の写し」が必要です。

　外国法人内の日本支店に転勤する場合及び会社以外の団体の役員に就任する場合は、地位（担当業務）、期間及び支払われる報酬額を明らかにする所属団体の文書が必要になります。

5 ｜ 外国人の学歴や職歴を証明する文書　　　　　　　　　　》

　外国人を採用する企業の担当者は、採用を決めた場合、申請をすることになる該当者の学歴と職歴を証明する文書を提出しなければなりません。

☞ 新卒者は大学等の卒業証明書が必要

　基本的に、ホワイトカラーの労働者の採用に関しては、一部の例外を除き、大学から専門学校程度の学歴がないと、出入国在留管理庁からの許可が出にくいのが実情です。そのため、まず、外国人の卒業証明書を入手することが重要です。日本の大学であれば、当然のように卒業証明書は発行してくれます。

　また、外国の場合、国によって何らかの違いはありますが、卒業証書の写し等、卒業を証明する書類は入手できるはずです。

☞ 既卒者は詳しく書かれた履歴書・職務経歴書が必要

　職歴に関しても、新卒でない場合は特に過去何をして生計を維持してきた人なのか、その人物の能力を判断する材料として審査の対象になります。ポイントは、履歴書の中身をできるだけ詳しく書くようにすることです。もし、その外国人が、日本語が得意であるのならば、日本語の履歴書に加え、職務経歴書も日本語で書くようにするほうが印象はよくなります。

　出入国在留管理庁では、英文の履歴書や職務経歴書でも受け付けてくれますが、その他の言葉の場合は、和訳を付けて出すのがルールになっています。

　例えば「技術・人文知識・国際業務」の場合、大学を卒業した人材で、翻訳、通訳または語学の指導にかかる仕事をするときには、実務経験は必要ありません。しかし、すでに大学を卒業してその他の業務に就いている外国人が、日本の企業で就職する場合においては、実際に日本で担当することになる業務に関連して3年の職務経験を有するかどうかが審査の対象になります。大学で関連する内容の学位を取得している場合はその年数も職歴としてカウントしてもらえます。

0章　はじめに

1章　外国人の採用実務

2章　外国人の入国（在留資格と在留カード）

3章　外国人の入社と届出

4章　新しい在留資格「特定技能」とは？

5章　外国人の労務管理

6 会社の内容を説明する »

☞ 外国人を採用するならホームページを開設しておいたほうが無難

　出入国在留管理庁は、その申請にかかる審査のために、外国人を採用する企業の業務内容を説明する資料の提出を求めています。

　まず、会社の「登記事項証明書」は必要になります。あとは、一般的な会社案内がある場合には、そのものを提出します。あるいはホームページがある場合には、それをプリントアウトして提出します。

　実際、外国人を雇用するような企業は、ホームページを開設しておいたほうが無難です。出入国在留管理庁も、どのような企業なのか審査の過程でインターネットを使い調べることを審査の段階でするそうです。それにより、外国人が就労するにふさわしい事業を展開する企業かどうか、安定性、継続性があるかどうかを審査していくといいます。

☞ 出入国在留管理庁の担当者の信頼を得るためには

　ホームページが存在せず、提出資料がワープロソフトで簡単に作成した事業案内しかないと、企業に対する信頼性や継続性の面から疑念を持たれかねないので注意が必要です。

　出入国在留管理庁の審査は、裁量行政の中で行われますので、担当の審査官から怪しい企業と思われて得をすることはありません。

　怪しいと思われると、資料提出通知書が出入国在留管理庁の担当者から送られてきて、詳しい説明を求められます。とくに、外国人を採用することの必要性に乏しいと判断されると、不許可になってしまいます。

　企業としてどのような事業を展開することにより利益を上げているのか、どのような取引先と商売をしているのか、外国人を採用する必然性はどこにあるのか等を情報として提出するように心がけてください。

ポイント　　　　　　　　　　　　　　　　one point advice

　自社が何をしている会社で、今後どのような経営戦略を進めていくかを説明し、その中でなぜ外国人が必要で、何の能力を持っているためにどのような職種を担当してもらいたいかをわかりやすく説明する。

7 ┃ 外国人の担当する業務を詳細に説明する 》

　外国人を採用する予定の企業は、自社の業務のどの分野において働いてもらい、どのような知識と技能を必要とするものなのか、日本語力は必要か、海外との接点はどのように存在しているのか等、詳しく説明する必要があります。この点に関する説明が不十分だと、出入国在留管理庁から追加資料提出命令が来ることになり、許可が出る時期が遅れます。

　外国人が、その業務を行うことが、入管法上の在留資格の適合性に一致するのかどうかという視点で審査官は判断しますので、そのことを意識して説明するようにします。

　「技術・人文知識・国際業務」の場合で文系の業務に就く場合は、翻訳、通訳、語学の指導、広報、宣伝又は海外取引業務、服飾若しくは室内装飾に係るデザイン・商品開発その他これらに類似する業務に従事しているか否かが審査の重要なポイントとなります。店舗での接客や荷物の配送等は対象外となりますので外国人の業務内容について審査基準をクリアすることを考えた上で採用活動を行う必要があります。

✐ 職務内容説明書の例

職種：プラットフォームエンジニア

肩書：チーム・リーダー

職務：**金融決済システムの新機能開発** ……………………… **30%**

　　　①上司や他のチームからの設計仕様を聞く

　　　②システムを利用可能な状態にする

　　　技術的な問題を解決する業務 ……………………… **40%**

　　　①上司や他のチームから技術的な要求を聞き、システム改良のための問題点を把握する。

　　　②システム上のバグを見つけて改良する。

　　　システムの改良 ……………………………………… **30%**

　　　①「他のエンジニアから」改良すべきポイントの情報を収集する。

　　　②プログラムの動作を変えることなく、内部構造としてのソースコードを変える。

0章　はじめに

1章　外国人の採用実務

2章　外国人の入国（在留資格と在留カード）

3章　外国人の入社と届出

4章　新しい在留資格「特定技能」とは？

5章　外国人の労務管理

COLUMN 指定書とは？

　入管法上、就労関連の在留資格が与えられる場合、在留カードとともに指定書が発行されることがあります。「特定活動」「特定技能」「高度専門職」などが、そのケースです。

　「特定技能1号」の許可がされる場合には、在留カードとともに次の内容が記載された指定書が交付されます。

【指定内容】

　出入国管理及び難民認定法別表第1の2の表の特定技能の項の下欄第1号の規程に基づき、同号に定める活動を行うことのできる本邦の公私の機関及び特定産業分野を次のとおり指定します。

・本邦の公私の機関

　　氏名又は名称　　　　ＸＹＺ株式会社

　　住　　　　所　　　　○○県○○市○○町1－1

・特定産業分野　　　　　□□□

　例えば、ＸＹＺ株式会社に勤務していた外国人のＡさんが、上記と同じ特定産業分野で業務を行うＢＣＤ社に転職することになった場合、Ａさんは在留資格変更申請をすることになります。そして、ＢＣＤ社への転職についてその該当性が認められると、地方出入国管理局から新しいナンバーの在留カードと指定書が交付されます。

　なお、指定書はホチキスで外国人Ａさんのパスポートに付けられます。人事担当者は必ずこの内容を確認し、コピーを取っておかなければなりません。

第2章
外国人の入国
（在留資格と在留カード）

The guide for hiring
foreign workers from scratch

01 在留資格に関する基礎知識

>> Chapter 2　外国人の入国 (在留資格と在留カード)

外国人を雇用する機会は、今後さまざまな産業で必要性を増すことでしょう。ただし、日本人の採用とは根本的に違うルールがありますので、その概要を企業の実務担当者が把握することが必要です。2012年7月9日からは入管法改正により、在留カードの導入がスタートし、以前とは全く違ったシステムとなりました。ここでは実際に外国人を雇用する場合に必要となる「在留資格」取得に係る基礎知識を解説します。

1　在留資格を証明する在留カード

「**在留資格**」は、外国人が合法的に日本に上陸し滞在し、**活動することのできる範囲を示したもの**で、現在30種類が入管法に定められています。これらは一般的に「ビザ」(正式名称は「在留資格」以下在留資格で表記) という名称で呼ばれています。

その在留資格を有していることの証明書となるのが「在留カード (Residence Card)」です。(一部3ヶ月までの就労可能な在留資格も存在します)

詳細については後述しますが、例えば留学生や就学生 (専門学校生等) は在留資格30種類のうちの「留学」の在留資格、一般的な会社の場合には在留資格30種類のうちの「技術・人文知識・国際業務」などの在留資格の許可を受ける必要があります。「特定技能」と「高度専門職」については在留カードに加え出入国在留管理庁が発行する「指定書」がパスポートに貼られ、働くことのできる企業と所在地が明示されています。指定書に明示されている企業以外では働くことができません。

2 ┃ 日本に住んで働いている外国人は在留資格を取得している

　基本的に、日本に住んで働いている外国人（短期滞在での就労は不可）は何らかの在留資格を取得しているはずです（在留資格を持っていないで働いている場合には不法就労となります）。「家族滞在」の在留資格しか持っていない人をフルタイム(規定では週 28 時間まで) で働かせた場合も不法就労とみなされますので注意が必要です。

　2012 年 7 月 9 日以降は、「在留カード (Residence Card)」の裏面に資格外活動の許可の有無が記載されていますので、学生や家族滞在の外国人の雇用の際には必ず確認するようにしてください。

3 ┃ 外国人を採用するには在留資格について正しい知識が必要

　海外から採用し日本で働く場合には、採用される企業の職務内容に適合した「在留資格認定証明書」の交付を事前に申請し、許可を得る必要があります。企業が日本国内に在留している外国人を採用する場合であっても、企業の業務内容が外国人の持っている在留資格と合っていない状態で就業すると、その外国人は不法就労、企業は不法就労助長罪となります。例えば「IT エンジニア」が「技術・人文知識・国際業務」の在留資格で「コック」としてフルタイム働くようなことはできません。そのため、企業は 3 ヶ月以上を超えて日本に滞在することになる外国人を採用する場合には、「在留資格について正しい知識を持つ」ことが重要となります。

4 ┃ 新しい高度人材ポイントシステム

　企業が高度な技能・知識を持つ外国人を採用し、日本で在留期間中に行おうとする就業活動に該当性があるとポイントが与えられる制度があります。

　2012 年 5 月 7 日から高度人材ポイント制 (P.44 〜 P.47 参照) が開始され、政府が認めるポイントに該当する外国人で、合計 70 点以上になることが証

0 章　はじめに

1 章　外国人の採用実務

2 章　外国人の入国（在留資格と在留カード）

3 章　外国人の入社と届出

4 章　新しい在留資格「特定技能」とは？

5 章　外国人の労務管理

明できれば、「在留資格認定証明書」で、外国人社員を招聘することが可能です。

　すでに日本にいる外国人でも、ポイントが 70 点になることが確認されれば変更申請をして高度人材になれます。ポイント制度はグレードアップされ 2017 年 4 月からは 80 点をクリアしていると一年で永住権（日本版グリーンカード）の申請ができるようになりました。

5 ｜ 「ビザ」と「在留資格」は違うもの »

　「ビザ」と「在留資格」が同義語のように使われていますが、厳密には違うものです。「ビザ」は、来日を希望する外国人が、自国にある日本の大使館や領事館で、日本への入国に問題なしと考えられるときにパスポートへ押される印 (査証) のことです。パスポートの有効性の確認と、入国させても問題なしという妥当性の意味を持つ推薦印の位置づけです。「ビザ」は、あくまでも日本に入国するためのものです。

　これに対し、「在留資格」は、**日本で目的を持って活動するために必要となる資格**です。それを証明し、外国人に携帯を義務付けたものが「在留カード (Residence Card)」です。「在留カード」は出入国在留管理庁から発行されます。「在留資格」は、現在 30 種類あります。技能実習が厳密にいうと 6 種類に分かれているのと、高度専門職 1 号、2 号もそれぞれ別の資格と考えるとさらに 10 種類増えます。30 種類のうち「短期滞在」は、簡単に取得できますが、あとの 29 種類は、出入国在留管理庁の地方出入国在留管理局に出向いて厳正な手続きを経ないと取得することができません。なお、「短期滞在」「外交」「公用」の場合には「在留カード（Residence Card）」は発行されません。帰国準備で 1 ヶ月だけの「特定活動」の在留資格を与えられたような場合も在留カードは発行されず、パスポートに証印シールが貼られます。

6 ｜ 外国人は適切な在留資格がないと日本では暮らせない »

　適切な「在留資格」がなければ、学校に通うことも出来ませんし、就業することも不可能になります。

　基本的に「在留カード (Residence Card)」の所持を法律上求められていない

「短期滞在」の外国人は日本で働くことは禁止されています。

　外国人に在留資格の意味を説明する際は、「**VISA STATUS(ビザ・ステイタス)**」という表現を使うと理解されやすいです。

　日本に在留する外国人は、入国の際に与えられた在留資格の範囲内で、定められた在留期間に限って在留活動が認められるというのが国の方針です。在留資格があるということは、外交官、短期滞在などを除き在留カード保有者となります。つまり、在留資格を持っているからといって、どのような仕事も自由にできるわけではなく、在留カードに明記されている活動の内容で日本に滞在できるということです。

COLUMN　就労系の在留資格と永住権

　日本での在留期間が 10 年を超え、そのうち 5 年以上企業に勤務し、3 年の在留期限が与えられている場合は、永住権の申請ができます。ただし、納税義務を果たしていない場合、納税額が年 1 万円など低額の場合、申請しても不許可となります。

　2019 年 7 月 1 日からは「技術・人文知識・国際業務」の場合、住民税直近 5 年分の所得及び納税状況を証明する資料に加え、国税の納税状況を証明する資料として源泉所得税及び復興特別所得税、申告所得税及び消費税、地方消費税、相続税、贈与税に係る納税証明書（その 3）の提出が必要です。

　これに加え最近では、厚生年金保険料、健康保険料の支払いをしていない場合も、不許可事由とされるようになりました。2016 年 1 月からマイナンバー制度がスタートし、外国人社員で義務を果たしていない人はすべてコンピューターでリストアップされています。永住権を希望するのであれば、日本人と同様の義務を果たすというのが鉄則です。これに加え、外国人の場合は転職回数が多いと安定性がないと評価を受け、永住権にマイナスイメージになることもあります。就職した後、転職し、その届け（契約機関に関する届出）を出し忘れていると、やはりネガティブな扱いを受けることになります。

□章　はじめに

1 章　外国人の採用実務

2 章　外国人の入国（在留資格と在留カード）

3 章　外国人の入社と届出

4 章　新しい在留資格「特定技能」とは？

5 章　外国人の労務管理

在留資格の特徴

1 在留カードには個人の基本情報以外に就労制限の有無が記載されている »

　在留資格制度は、外国人にとっては、自分の入国目的からみて入国が許可されるかどうかの判断ができ、入国後についてはどのような範囲内であれば活動が許されるかの判断の基準となります。企業の実務担当者にとっても、その人材の採用が可能かどうかの重要な判断の指標といえるでしょう。なお、就労系の在留資格のほかに身分系の在留資格である「日本人の配偶者等」や「定住者」については、どのような職種でも雇用することが可能です。

　外国人を採用し、雇用した企業の人事担当者は、必ず外国人ごとに在留カードの番号を管理し、その期限をも含めて管理する必要があります。

　企業にとってメリットの大きいのは、新しくスタートした高度人材に対するポイント制（P.46〜P.49参照）による優遇制度です。この制度に該当する70点以上の外国人社員が現在自社で働いている場合には変更申請をして、高度専門職1号の在留資格で5年の在留期限を取得することができます。高度人材ポイント制度は何度も見直しが行われ、日本語能力がより高く評価されるとともに、研究者の年収基準が以前より低くてもポイントが得られるようになりました。

2 30種類の在留資格 »

　在留資格には30種類ありますが、とくに、企業活動と関連性の深い在留資格についてご説明します。

主な就労系の在留資格

在留資格	日本において行うことができる活動
経営・管理	日本において貿易その他の事業の経営を行う場合や、事業の管理に関与する場合に必要となる在留資格です。
技術・人文知識・国際業務	日本国内の公的機関、一般企業などと行う契約に基づく業務のうち理学、工学その他の自然科学の分野若しくは法律学、経済学、社会学など人文科学の分野に関する知識を必要とするものが対象です。
技能	企業活動の関係で、この在留資格に関連するのは、レストランなどの外食産業で働くコックやスポーツクラブなどの施設や宝石関連の業界などです。
企業内転勤	日本に本店、支店その他の事業所がある外国人の職員が、期間を定めて日本国内の事務所で働く際に必要になる在留資格で、法律、経営学等の人文科学の分野または物理、工学等の自然科学の分野に属する知識を必要とする業務が該当します。なお、親会社、子会社及び関連会社間の相互の異動についても『企業内転勤』に含まれます。
興行	興行の在留資格は、エンタテイメント産業などやテレビ等のマスコミが関連してくる在留資格です。「興行」の該当する範囲は、演劇、演芸、音楽、スポーツ、演奏の興行に関連した活動ということになります。
教育	「教育」とは、日本の小学校・中学校・高等学校において語学教師等で働く場合に与えられる在留資格です。大学で講師として働く場合には「教授」の在留資格となります。
特定活動	外国人の活動に関しては、非常に多岐にわたるので、すべてを類型化することはできません。そのため、類型化できない仕事に関しては、「特定活動」という名称の在留資格があたえられることが多いです。例えば、新しい「特定活動」の在留資格として、2019年5月30日からは、日本の大学や大学院を卒業した留学生が、日本語を使う業務が含まれることを条件で、飲食や宿泊、製造業の現場で働けます。（46号）

※特定技能については第4章を参照ください。
※高度専門職についてはP.46〜P.47を参照ください。

0章　はじめに

1章　外国人の採用実務

2章　外国人の入国（在留資格と在留カード）

3章　外国人の入社と届出

4章　新しい在留資格「特定技能」とは？

5章　外国人の労務管理

在留資格についてご説明します。基本的に、外国人が日本で働くためには、就労可能な在留資格が必要となります。就労可能な在留資格を持っていない外国人を採用してしまうと本人は不法就労となり、採用した企業側も不法就労助長罪に処される可能性もあるのです。

　外国人を採用する場合、どの在留資格にあてはまるのかを分析しなくてはなりません。さらに、学歴の証明や能力の担保など、手間のかかる資料を用意することが求められます。これらの資料についても、在留資格により準備しなくてはならない資料が異なります。

　膨大な手間をかけて採用した外国人が、手続きに不備があるために入国できないような事態は避けなくてはなりません。特に学歴や今までの職歴を証明する文書については、内容的に確実なものを提出することがポイントです。審査の基準をクリアするために、企業の実務担当者として知っておくべき基本情報を解説します。

　学歴の場合は卒業証書か卒業証書の写し、職歴の場合は企業のレターヘッド入りの書類で証明することがポイントです。

3 | 高度専門職の在留資格とは何か

　日本では 2012 年 5 月 7 日より、高度人材に対するポイント制度がスタートしました。また、2013 年 12 月 24 日からは、より利用しやすいよう制度が改正されました。そして 2015 年 4 月 1 日からは高度人材ポイント制度の評価方法をそのまま取り入れた「高度専門職」という在留資格が追加されました。また、2017 年 4 月 26 日からはポイント加算される項目の見直しがありました。「高度専門職」は、「技術・人文知識・国際業務」や「経営・管理」のアップグレード版の位置づけです。

> **高度専門職の在留資格は活動内容に応じて分かれる**
>
> 1. 高度学術研究活動「高度専門職 1 号（イ）」
> 2. 高度専門・技術活動「高度専門職 1 号（ロ）」
> 3. 高度経営・管理活動「高度専門職 1 号（ハ）」

の3つに分類し、それぞれの活動の特性に応じて「学歴」「職歴」「年収」などの項目ごとにポイントを設け、ポイントの合計が一定点数（70ポイント）に達した場合に在留資格「特定活動」を付与し、出入国管理上の優遇措置をあたえるもので、これが、さらに進化して、2015年4月1日より独立した在留資格となったのが、高度専門職の在留資格です。

　背景としては、「日本の経済成長等に貢献することが期待される高度な能力、資質をもつ外国人が、円滑に日本に来られるようにする」という日本政府の戦略から制度が見直されたものです。

4 ┃「高度専門職1号」および「高度専門職2号」とは 》

　職務上の高い能力を持つ外国人の方が取得可能な高度専門職の在留資格は「高度専門職1号」と「高度専門職2号」に分かれます。

　もし外国人が70点以上のポイントがあると、まず高度専門職1号が与えられます。そして、この在留資格を3年保持し続けている外国人には、在留資格として「高度専門職2号」が与えられることになります。

　「高度専門職2号」に該当すると、その所属機関に勤めている限り（同じ会社の同じ仕事内容）、無期限でその場所で働くことができます（「高度専門職2号」は、「高度専門職1号」のうち「同じ仕事を行い続けたい」希望がある外国人が申請し許可されれば「在留期間が無制限」になる「高度専門職2号」に移行できるというものです。逆に説明すると、「高度専門職2号」の方が転職したり、仕事内容が変わった場合には「高度専門職2号」ではなくなってしまいます。いわば、就業系在留資格の最高ステイタスというべき存在です。

　なお、「高度専門職1号」で3年間日本において活動すると、永住権申請も可能に法改正されました（法務省入国管理局平成29年4月26日改訂「わが国への貢献」に関するガイドライン参照）。もし、その外国人の高度人材ポイントが80点以上の場合には永住権許可申請に要する在留資格がわずか1年で申請可能となります（永住許可に関するガイドライン「2原則10年在留に関する特例」参照。）この制度は「日本人版グリーンカード」と呼ばれています。ただし、住民税の納税証明書と課税証明書を追加資料として求められるので、許可が出るのは実際入国後2年以上経過してからということになります。

❺ 30 種類の在留資格のうち該当するケースが多い資格 »

　実際入管法には、30 種類の在留資格が定められていますが、企業の採用活動との関連性からは、「技術・人文知識・国際業務」、「企業内転勤」、「興行」、「芸術」、「技能」、「研究」、「経営・管理」などの在留資格が該当するケースが多いのが実情です。

　また、職種によっては、「特定活動」、「技能実習」といったケースもあります。また、活動に制限のない「永住者」、「日本人の配偶者等」、「永住者の配偶者等」、「定住者」については、長期的戦力として企業活動に貢献するケースもあります。

❻ 企業を信頼度で分類するカテゴリー制度 »

　外国人の就労に関する在留資格の申請のとき、出入国在留管理庁に提出する書類は、企業の規模あるいは公共性により、提出書類が異なります。企業のカテゴリー制度と呼ばれる制度で、出入国在留管理庁からの信頼度の高いランクによって高い順からカテゴリー 1 から 4 となります。

民間企業のカテゴリー制度により所属機関区分

カテゴリー 1	日本の証券取引所に上場している企業、保険業を営む相互会社
カテゴリー 2	前年度の給与所得の源泉徴収票等の法定調書合計表により 1,500 万円以上の納付が証明された企業
カテゴリー 3	前年度の給与所得の源泉徴収票等の法定調書合計表が提出された企業
カテゴリー 4	新規設立などカテゴリー 1 から 3 のいずれにも該当しない企業

7 | 法人番号の記載も必要

　法人番号は法人・団体に対し日本の国税庁が指定する識別番号で、13桁の数字からなるものです。入管行政でも2019年4月より就労系の在留資格を申請する場合、この法人番号の記載を求められるようになりました。

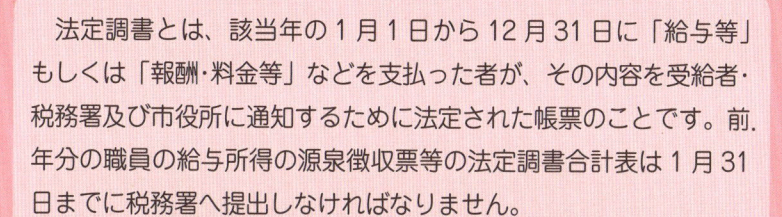

COLUMN　源泉徴収票等の法定調書合計表とは？

　法定調書とは、該当年の1月1日から12月31日に「給与等」もしくは「報酬・料金等」などを支払った者が、その内容を受給者・税務署及び市役所に通知するために法定された帳票のことです。前年分の職員の給与所得の源泉徴収票等の法定調書合計表は1月31日までに税務署へ提出しなければなりません。

　出入国在留管理庁が在留資格申請に関連して提出を求めているのが、前年分の職員の給与所得の源泉徴収票等の法定調書合計表（税務署の受付印のあるものの写し）です。この法定調書合計表をもとに、出入国在留管理庁では、企業をカテゴリーに分類します。法定調書合計表の内容で1,500万円以上の源泉徴収税の納付が確認されるとカテゴリー2企業となり、申請書類の審査が早くなります。この書類により、実際に何名ぐらいの社員がその企業で前年働いていたかが明らかになり、企業規模を知るための情報になります。

　あらたに創立したばかりの企業については源泉徴収票等の法定調書合計表は出ませんので、給与支払事務所等の開設届出書の写しか、直近3ヶ月分の給与所得、退職所得等の所得税徴収高計算書を提出することになります。

0章　はじめに

1章　外国人の採用実務

2章　外国人の入国（在留資格と在留カード）

3章　外国人の入社と届出

4章　新しい在留資格「特定技能」とは？

5章　外国人の労務管理

COLUMN 高度人材ポイント制の対象ポイントとは？（高度専門・技術分野）

学 歴

博士号 30点／修士号 20点／大学卒業 10点／複数の分野の修士・博士号 5点

職 歴

10年以上 20点／7年以上 15点／5年以上 10点／3年以上 5点

年 齢

29歳以下 15点／34歳以下 10点／39歳以下 5点

資格等

職務に関連する日本の国家資格 10点／職務に関連する外国の資格 5点／日本の大学卒業 10点／日本語能力試験 N1 15点・N2 10点／法務大臣が告示で定める大学（※）卒業 10点

年収配点表

	～29歳	～34歳	～39歳	40歳～
1,000万円	40	40	40	40
900万円	35	35	35	35
800万円	30	30	30	30
700万円	25	25	25	—
600万円	20	20	20	—
500万円	15	15	—	—
400万円	10-	—	—	—

合計70点以上が高度人材です。

（※）1. 世界大学ランキングに基づき加点対象となる大学
2. スーパーグローバル大学創設支援事業（トップ型及びグローバル化牽引型において補助金交付を受けている大学
3. 外務省が実施するイノベーティブ・アジア事業において「パートナー校」として指定を受けている大学

03

在留カードとは何か？

>> Chapter 2　外国人の入国（在留資格と在留カード）

　在留カードは、2012年7月9日改正入管法の中で初めて登場した証明書の役割を果たすカードです。外国人が、3ヶ月を超えて日本に滞在する権利を証明する許可証と考えてください。ただし、短期滞在の延長が認められた場合は、3ヶ月を超えて日本にいる場合でも在留カードは発行されることはありません。

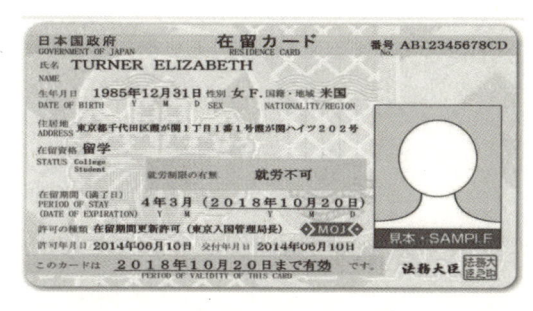

1 ｜ 在留カードの発行

　在留カードは、法務省出入国在留管理庁により発行され、基本的に3ヶ月を超えて日本に滞在することが許可された外国人にのみ発給されます。在留カードには、氏名、生年月日、性別、国籍、地域、住居地、在留資格、在留期間といった基本情報が記載されています。

2 ｜ 在留カードは一部の国際空港で発給される

　以前の「外国人登録証明書」と違い、在留カードがあれば、再入国の手続きをしなくても1年以内なら、日本に戻ってくることが出来ます。これが大

0章　はじめに

1章　外国人の採用実務

2章　外国人の入国（在留資格と在留カード）

3章　外国人の入社と届出

4章　新しい在留資格「特定技能」とは？

5章　外国人の労務管理

きな利点です。この制度は「みなし再入国許可」と呼ばれています。これより長い期間日本に帰らない場合は、従来と同じ再入国許可の申請を出入国在留管理庁の窓口でして、証印シールを貼ってもらい出国します。もしも、在留期間の残りが1年以内の場合は、その在留期限までに日本に再入国する必要があります。現在、一部の国際空港（成田空港、羽田空港、中部空港、関西空港及び新千歳空港）で在留カードの発給が行われます。

3 | 在留カードを所持するには居住する市区町村で住民登録が必要 »

　在留カードを持っていることが、正当に3ヶ月を超えて日本に滞在することを認めてもらえる証拠となります。それ以外の空港や港から入国した場合には、すぐに在留カードは発給されず、後日、本人宛に書留で送られてきます。ただし、そのためには、自分が居住することになる市区町村の窓口で住民登録を行う必要があります。この手続をすると、市区町村の窓口からオンラインで出入国在留管理庁の担当部署へ住居情報が送られ、そのデータを元に出入国在留管理庁から本人宛に在留カードが届くのです。成田や羽田など即時配布の在留カードを取得した場合は、2週間以内に自分が居住することになる市町村の窓口へ行き、住民登録の手続きをして在留カードにも住所の記載をしてもらいます。これらの手続きをしないまま日本に滞在していると、法律違反となり罰則（20万円以下の罰金）の対象となりますので、ご注意ください。

　外国人が住所を90日以内に届出をしない場合、在留資格の取消しの対象となる可能性もあります。

　観光や興行などで、3ヶ月を超えて日本に滞在する人には在留カードは発行されません。外交、公用の在留資格の方も在留カードの対象外です。

4 | 不法滞在者と在留カード »

　また、昔存在した「外国人登録証明書」の時代と違い、不法滞在者に在留カードが発行されることはありません。3ヶ月を超えて日本にいるのに在留カー

ドを持っていない場合、原則として不法滞在者とみなされるわけです。もし、警察官から職務質問を受けたときに在留カードの提示がないとその外国人は、不法滞在と疑われることになります。ID 番号として自分の在留カードの番号は暗記するか財布の中にメモを入れておくなどして、必要なときはすぐに取り出せるようにすることが重要です。日本社会で生活するにあたり、事あるごとに、在留カードの番号とその有効期限を尋ねられますので、ご注意ください。

5 在留資格更新申請と在留カード

　外国人が、与えられた在留期間が満了する前、さらに日本において同様の活動を続けようとする場合、在留資格更新申請をしなければなりません。2012 年 7 月 9 日の改定までは出入国在留管理庁で認証シールを貼ってもらい、それを市町村の窓口に提示し、外国人登録の記載事項を変更してもらうという手続きになっていましたが、入管法改正により、在留カードが在留資格の証明そのものとなりました。

　在留資格更新の許可が下りた場合、新しい在留カードが発行されます。注意点は、新しい在留カードが発行されるたびにカード右上に記載されている ID 番号も変更になることです。企業の人事担当者は必ずこの最新の在留カード番号を記録し、労働者名簿に記載しておく必要があります。

0 章　はじめに

1 章　外国人の採用実務

2 章　外国人の入国（在留資格と在留カード）

3 章　外国人の入社と届出

4 章　新しい在留資格「特定技能」とは？

5 章　外国人の労務管理

04 在留カードの更新と再入国

1 在留カードの更新

　渡される在留カードは、示された期限内であれば有効です。在留を続けたい場合は、その期限が過ぎる前に、更新の申請をします。更新申請は、通常、在留期限の3ヶ月前から可能です。古い在留カードは、更新時にはいったん返却（提出）しなければなりません。免許証のように古いカードには、パンチで穴が開けられて使えなくなります。穴が開けられた古いカードも返却されます。日本の運転免許証と同じ方式で、更新のたびに新しいカードとなります。在留カードは更新される度にID番号も違うものが与えられるので、注意が必要です。この点、ID番号が変わらないマイナンバーとは違います。

　一度、在留カードの発給を受けてしまえば、自分の在留期限とマイナンバーの有効期限が同じ年月日になりますので、自分でも管理しやすくなります。

2 在留カードの写真と子どもの在留カード

　在留カードを所有していると、在留資格更新のたびに新しいカードに切り替えなければならず、そのたびに最近撮影した写真（3cm × 4cm）を提出しなければなりません。写真は、申請書提出の日前3ヶ月以内に撮影されたものを提出します。証明写真用に撮影されたものでないと受理をしてもらえません。ただし、16歳未満の子どもに関しては、写真のない在留カードが発給されます。子どもの場合、16歳に達してからは、在留カードが写真付のものに変更されます。15歳6ヶ月を過ぎた子どもであれば、写真付の在留カードへの変更手続きを受け付けてもらえます。

　なお、16歳未満の子どもの在留カードの在留期限（満了日）は16歳の誕生日が記載されます。

③ 永住者と在留カード

　なお、永住者については、出入国在留管理庁で7年に一度在留カードを作り替える手続きを行うことができます。注意が必要なのは、外国人で永住権を取得したあと日本にほとんど住まず、90％以上の期間を外国で過ごしたケースなどです。この場合、新しく在留カードが発行されなくなる可能性があります。在留カードは、あくまでも生活の基盤を日本に置き、日本で納税義務を果たす外国人のためのカードなのです。もし在留カード更新時に日本に戻らず手続きをしない場合には日本の永住権は失効します。

　在留カード制度は、日本の運転免許制度に似ています。新しいカードが発行されるたびに古いカードは、無効になります。

④ 在留カードに記載される情報

　在留カードについては、与えられることになる在留資格に加え、国籍、生年月日、氏名、性別、居住地、資格外活動の有無に関する基本情報のみが記載されます。また、その資格が就労できる資格かどうかが、在留カードの上に明記されることになります。

　学生や家族滞在の在留資格を持つ外国人がアルバイトをする場合も、資格外活動許可の記載が在留カードの裏面に記載がないと働けません。

　在留カードの下部には、そのカードの有効期限が明記されています。

　永住者の場合は、在留カードは7年間の有効期間となります。

　一方、他の在留資格は、一部を除き最大5年の在留期限が在留カードの中に明記されることになります。

　永住者には、7年に一度、その他の在留資格を持つ方には更新のたびごとに新しい在留カードが与えられます。

　カードには、ID番号（在留カード番号）が右上に明記されています。

　このID番号（在留カード番号）は、カードが更新されるたびに変更になりますので、日本に住民票のある人に発行されるマイナンバーの番号とは全く別のものとなります。

0章　はじめに

1章　外国人の採用実務

2章　外国人の入国（在留資格と在留カード）

3章　外国人の入社と届出

4章　新しい在留資格「特定技能」とは？

5章　外国人の労務管理

日本にいる限り、このID番号（在留カード番号）は重要な身元確認の番号なので、ご自身で自分の番号は暗記しておくほうがよいでしょう。手数料を支払えば、新しい番号に変えた在留カードも発行してもらえます。また、写真が気に入らなければ、新しい写真にした在留カードを発行してもらえます。この場合にも手数料が必要です。

なお、更新の際には、最近3ヶ月以内に撮影した3×4cmの顔写真を提出する必要があります。昔の写真だと判断されると新しい写真の提出を求められますので注意が必要です。

5 　在留カードとみなし再入国制度 　　　　　　　　　　　　　　　　　》

在留カードは、再入国許可の中でも活用されます。

通常の再入国制度は、これまでと同じく存続しますが、有効期限のある在留カードがあると、みなし再入国制度を活用し、出国してから1年以内であれば、そのカードをパスポートとともに提示するだけで、再入国することが可能になります。

5年の在留期限のある在留カードを持っていれば、その期間内であれば、何度でも日本と外国の出入りが可能です。ただし、出国期間が続けて1年を超えてしまうケースでは、このみなし再入国制度は利用できません。

なお、再入国許可の有効期限も在留カードの有効期限に合わせて最大3年から5年となります。たとえば、一度日本から出国しても、従来の再入国許可の認証シールが貼ってあるパスポートがあり、この期間内に日本に戻ってくるのであれば、在留資格を失うことはありません。

ただし、正当な理由がなく日本人の配偶者等が長期間夫婦別居しているようなケースだと、再入国が認められたとしてもその後、在留資格の取消しになることがありますのでご注意ください。

また、永住権を持っている外国人も注意が必要です。海外転勤や療養の目的で1年を超えて日本を離れる等、再入国手続きを忘れてしまい、永住権取消となるケースがよくみられます。

6 ｜ 入国と在留カードの発行

　外国人でも短期滞在の在留資格や3ヶ月以内の在留資格しか与えられていない人には、在留カードは発行されません。

　短期滞在の延長が後で認められて、日本での滞在が3ヶ月以上になったとしても、短期滞在の場合は従来どおり証印シールでの対応となります。在留期間が90日で教育や特定活動の在留資格が与えられるケースも同様に証印シールでの対応になります。一方、3ヶ月以上の在留資格を与えられた外国人は、原則として在留カードが発行されます。

　ただし、当面は、成田、羽田、中部、新千歳、広島、福岡と関西国際空港でのみ在留カードの即時配布となります。その他の、空港や港から日本に入国した場合は、本人のパスポートに在留カード後日交付というシールが貼られます。

　後日、在留カードが、本人の元に郵便書留で送られてくるのですが、その前提として、外国人が市区町村の窓口にパスポート（在留カードは後日交付というシールが貼られたもの）を持参して、転入の届出を行わなくてはなりません。この手続きをすると、住所情報がオンラインで出入国在留管理庁に送られ、そのデータを元に、外国人の住所に在留カードが届くことになります。

7 ｜ 指定書付きの在留カードに注意

　新しい資格の「**高度専門職**」や「**特定技能**」の場合、その外国人が働くことのできる企業名とその所在地が書かれた用紙がパスポートに明示されています。これを「**指定書**」といいます。（P.38 参照）

　もし転職の形で外国人が入社することになった場合、この指定書が前の会社のものでは入管法違反となります。指定書の雇用主を現在の雇用主に変える場合、在留資格変更申請が必要になります。この場合、許可が出ると従来とは違うナンバーの在留カードと指定書が発行されます。新しく **2019 年 5 月 30 日からスタート**した「**特定活動**」46 号と呼ばれる、日本の大学・大学院を卒業した外国人留学生についても、指定書付きで、契約をもとに具体的に働くことのできる企業名とその所在地が明記されています。

0 章　はじめに

1 章　外国人の採用実務

2 章　外国人の入国（在留資格と在留カード）

3 章　外国人の入社と届出

4 章　新しい在留資格「特定技能」とは？

5 章　外国人の労務管理

05 在留カードと市区町村窓口

外国人が初めて日本に入国して、居住地を定めたら在留カードを持参して住むことになる市区町村の窓口に行き、外国人住民転入届を提出します。ここで住所欄に記載がされます。一方、在留カードが後日交付になる外国人は、居住地を届けることで市区町村がそのデータを出入国在留管理庁に送り、出入国在留管理庁より後日外国人の居住地に書留で在留カードが送られてくることになります。

在留カードの有効期限内に引越しをしたときなどは、出入国在留管理庁ではなく各市区町村への届出が必要になります。

1 住民税について

在留カードに記載されている住居地に1月1日現在で住んでいることが明らかな場合、外国人にも日本人と同様に住民税の納税義務が発生します。この市区町村の住民税の支払義務を履行しない場合、その後の在留資格更新や変更、永住権の申請許可を得ることが難しくなります。個人事業主で業務委託契約にて生計を維持するなど企業の健康保険に入っていない場合、住所を定めた市区町村の国民健康保険への加入義務も生じます。

2 住民票とマイナンバーカードについて

一方、市区町村窓口では、日本人と外国人とで構成される世帯（国際結婚により日本で暮らす家族のケース）は、世帯全員が記載された証明書（住民票の写し）が発行可能です。

在留カードが発行され外国人の住民票には、在留カードに記載されている在留資格、在留期間及び在留期間の満了日、在留カードの番号、中長期在留者であることが、基本情報として記載されます。従来の外国人登録記載事項証明書との大きな違いは、登録事項とされていた国籍の属する国の住所、居所、出生地、職業、旅券番号の情報が住民票には記載されないということです。

外国人の場合、在留資格があっても家族の事情などで長期間祖国へ帰ることがあります。その場合は再入国許可を得ている場合でも原則として市区町村の窓口で転出の届出をする必要があります。外国人が日本国内で引っ越しをした場合でも転出地の市区町村に転出届をして転出証明書の交付を受けた後、転入先の市区町村で転出証明書を添えて転入届をすることになります。

なお、在留資格の変更手続き、更新手続き、永住権の申請手続きを行う際にも、外国人が住民票の写しを提出することが求められるケースもありますので、常に正しい住所情報を市区町村に届けておくことが必要です。

従来の日本の住民基本台帳法では、外国人住民は世帯主にはなれませんでした。2012 年 7 月の法律の改正により、外国人住民にも住民票が作成され、外国人を世帯主にすることも可能になりました。ご主人が外国人で奥様が日本人というケースで、外国人のご主人を世帯主として住民票の登録も可能となりました。特に国際結婚の場合、住民票が同一の住所にないと結婚の実体がないとみなされるので注意が必要です。

現在、外国人も住民基本台帳法の対象となり、マイナンバーカードも作ることができるようになりました。これにより、外国人は在留カードとマイナンバーカードという 2 つの写真入 ID カードを所持できるようになります。外国人のマイナンバーカードの有効期限は**日本人とは違い在留期限満了日まで**となります。

3 日本で出生した外国人の在留カード

日本で外国人夫婦から生まれた子供の場合、出生から 30 日以内に地方出入国在留管理局において在留資格の取得を行うことが必要です。その子のパスポートがまだ発行されていなくても手続きは可能です。

まず、住所地の市区町村において出生届を提出します。

0 章　はじめに
1 章　外国人の採用実務
2 章　外国人の入国（在留資格と在留カード）
3 章　外国人の入社と届出
4 章　新しい在留資格「特定技能」とは？
5 章　外国人の労務管理

この段階で、外国人の世帯の住民票に子供の名前や生年月日も記載されます。その届けを証明資料として出入国在留管理庁で手続きをすると在留カードが発給されることになります。

特殊な事例として、在日アメリカ軍関係者が退官し、日本の企業で働くようになった場合などでも新規に在留カード発行の対象となることがあります。

4 | マイナンバー制度と外国人 »

2013 年 5 月に、「行政手続きにおける特定の個人を識別するための番号の利用等に関する法律」（マイナンバー法）が成立しました。この法律は、日本人だけのものではなく、日本に在住し、在留カードを所持する外国人及び日本に登録する外資系企業にも関係するものです。

2016 年 1 月から、希望する外国人にも新しい ID カードとして顔写真付の個人番号カードが配布されています。外国人の場合も日本人と同様に諸手続きでマイナンバーが使われています。出入国在留管理庁は業務の流れの中で外国人の所得税、住民税の納税状況や社会保険料の納付状況等を把握することになります。写真付きマイナンバーカードは、2021 年 3 月から健康保険証として使えるようになります。

マイナンバーの管理画面上で、外国人が税金や保険料の納付義務を果たしていないことが明らかとなれば、将来の在留資格更新・変更に加えて、永住権の申請についても不利益が生じます。

なお、外国人の場合、マイナンバーの有効期限は、在留カードの有効期限と同一です。この点、日本人の有効期限と異なりますので注意が必要です。

5 | 在留カードと地方出入国在留管理局 »

在留カードで記載事項に変更があったときには、住所情報関連を除き、地方出入国在留管理局の窓口で変更の届けを提出します。届出が必要になる変更情報とは、氏名、国籍などです。もし、在留カードをなくした場合は、再交付の申請を地方出入国在留管理局で行うことができます、さらに、自分の

就職先や身分関係に何か変化が生じたらすぐに出入国在留管理庁に報告を行い、データを書き換えてもらわなくてはいけません。出入国在留管理庁では、報告をもとに在留カードの裏側に新しいデータを記載することになります。

6 ｜ 在留資格の変更があったらそのままにしない »

とくに重要な点は、在留資格の変更です。原則として、会社を退職して3ヶ月経過して、他の企業に転職しないでいると在留資格の取消しの対象になり、在留カードも無効とされます。

基本的には企業が、ハローワークへ電子送信の方法を使って、外国人の就職と退職の情報を提供しなければなりません。情報提供の義務化が労働施策の総合的な推進並びに労働者の雇用の安定及び職業生活の充実等に関する法律で定められています。外国人も「契約機関に関する届出」に必要事項を記載し、変更事実があってから14日以内に出入国在留管理庁に届出をしなければなりません。

7 ｜ 外国人が退職したら10日以内にハローワークに知らせる »

本人が届出をしなくても、企業は、退職した外国人社員の情報をハローワークに10日以内に提供する義務があります。この義務の中には、外国人の在留カードの番号(ID番号)も含まれており、ハローワークからオンラインで出入国在留管理庁に月に一度、外国人の就労と退職の情報が伝わります。企業に対する罰則（罰金30万円）の運用も強化される予定ですので、かなりの頻度で、この外国人の社員の退職に関する情報は、出入国在留管理庁に送られるようになります。

労働施策の総合的な推進並びに労働者の雇用の安定及び職業生活の充実等に関する法律の「**外国人雇用状況の届出事項等**」では、外国人社員の生年月日、性別、国籍、資格外活動の許可の有無、住所、雇入れ又は離職に係る事業所の名称及び住所地、賃金その他雇用状況に関する事項を入力する必要があります。

永住権申請時も、この転職の届けを怠ると申請が不許可となる可能性があります。

0章　はじめに

1章　外国人の採用実務

2章　外国人の入国（在留資格と在留カード）

3章　外国人の入社と届出

4章　新しい在留資格「特定技能」とは？

5章　外国人の労務管理

8 離婚したら 14 日以内に出入国在留管理庁に届出る

　身分系でも、離婚した場合には 14 日以内に出入国在留管理庁にその事実を伝えなくてはいけません。この規定にもかかわらず、その事実を本人が 6 ヶ月以内に出入国在留管理庁に伝えていないと在留資格の取消しの対象になります。市区町村に離婚届を出していれば「**日本人の配偶者等**」としての在留資格を失うことになります。ただし、日本国籍の子供の親権があり、日本で生活をしなければならない必要性があれば、定住者への在留資格変更が認められる可能性があります。結婚生活を過ごした期間が 3 年以上あるケースなどで経済力、生活維持能力のある外国人についても在留資格変更が認められる可能性があります。このようなケースに該当する外国人の場合は、在留資格の変更手続きをして許可が出れば新しい「定住者」としての在留カードを取得することになります。

9 日本人の配偶者と死別しても 14 日以内に出入国在留管理庁に届出る

　また、外国人が日本人と死別した場合などでも、戸籍謄本等の証明資料を添付してその事実を 14 日以内に地方出入国在留管理庁に届けなければなりません。

　離婚をしていなくても、別居の事実がある場合にも、その件に関しても報告の必要があります。正当な理由がなく、別居を 6 ヶ月以上しているケースは偽装結婚とみなされ、在留資格の取消しの対象となります。

　正直に死別や別居の情報を出入国在留管理庁に報告しないと、素行不良としてその後日本に滞在することが難しくなることをあらかじめ理解しておかなければなりません。

　「日本人の配偶者等」から他の就労可能な在留資格へ変更することが困難な外国人については、残念ながら帰国してもらうしかありません。

06

企業と在留カード

>> **Chapter 2**　外国人の入国（在留資格と在留カード）

　新しく外国人を雇用した企業、外国人留学生を受け入れた学校もその外国人の情報を届出なければなりません。

　これは、2012年の入管法改正で新しく定められた義務です。在留資格が「日本人の配偶者等」として働いていた外国人が、その在留資格が取消しになり、働くことが違法となるケースもあるからです。

　企業側は、雇用、役員就任、解雇、退職に関する情報をその事実が発生してから14日以内（入管法に基づき）に地方出入国在留管理局に届出なくてはなりません。この届出に関しては、出頭の他、郵送によっても認められることになりました。

1 ｜ 人事労務担当者が求められるもの　》

　現在の入管法では、在留途中の転職、退職、転校、退学、離婚もすべて届出の義務があります。もし届出を怠ると日本での在留資格が取消しになる可能性があります。

　実務の上で、企業の人事労務担当者に求められるのは、在留カードの番号と記載情報の管理です。例えば、外国人の社員を他県にある他の事業所に配属先を変えて居住地も変えたのに、会社側でその手続きを出入国在留管理庁に届出ていないと管理責任を問われることになります。

　人事労務担当者は、日本国内で使用する外国人の情報で、在留カードに記載されている内容については、正確に情報を入手し、保存することが求められます。同時にハローワークまたは出入国在留管理庁への報告義務を果たしていないと、企業としての信用度が落ちて、以後の外国人雇用のための在留資格取得

0章　はじめに

1章　外国人の採用実務

2章　外国人の入国（在留資格と在留カード）

3章　外国人の入社と届出

4章　新しい在留資格「特定技能」とは？

5章　外国人の労務管理

の実務が厳しくなります。企業そのものがブラックリストとなります。

　また、在留カードの番号と有効期限の管理に加え、外国人社員のパスポートの有効期限の管理も適切に行う必要があります。

② 労働施策の総合的な推進並びに労働者の雇用の安定及び職業生活の充実等に関する法律でハローワークへの情報提供が義務付けられている

　直接、出入国在留管理庁にする手続きではないですが、企業は外国人社員の情報をハローワークのホームページから電子通信の手法で登録し、就職の場合も退職の場合もその事実と正確な日にちを伝えなければなりません。この義務は、「**労働施策の総合的な推進並びに労働者の雇用の安定及び職業生活の充実等に関する法律**」に規定されており、オンラインで出入国在留管理庁にもその情報が流れることになります。そのため、正しい情報を常に発信していないとブラック企業という評価を受ける可能性があり、将来外国人を雇用し、在留資格を取得していくことが困難となることもあります。

③ ハローワークへの報告と出入国在留管理庁への報告の判断

　企業は外国人社員の在留資格に関する情報の報告を「ハローワーク」にするのか、「出入国在留管理庁」にするのかの判断が必要となります。

　就労と退職の年月日の報告をハローワークへの電子通信の方法で登録手続きを行っていれば、出入国在留管理庁に報告する必要はありません。

　ハローワークに送られた情報は、厚生労働省から月に一度、出入国在留管理庁に送られるので、最終的には出入国在留管理庁に届きます。この場合には「労働施策の総合的な推進並びに労働者の雇用の安定及び職業生活の充実等に関する法律」の規定に基づき報告期限は 10 日以内となります。

　一方、ハローワークへの電子通信報告をしていないような個人事業主、あるいは外国人が自分で個人事業主になったようなケース、あるいは役員就任などの場合には、自分で出入国在留管理庁に出頭するか、郵送にて届出をする必要があります。この場合には、「入管法」に基づき 14 日以内に報告する

る必要があります。「労働施策の総合的な推進並びに労働者の雇用の安定及び職業生活の充実等に関する法律」で定められた日数と「入管法」で定められた日数が異なるのでご注意ください。ただ、いずれの方法であっても報告を怠らないことが大切です。

4 不法就労について

　いままで以上に不法就労に対しては厳しい処罰が課されることになります。採用段階で、在留カードを所持していない外国人や資格外活動の届けを出さず、就労できる資格を持っていない外国人を雇用したケースなどは、不法就労助長罪による処罰を受けることになります。トラブルを避けるため、外国人との労働契約については、文書により契約書を交わすことが出入国在留管理庁側から求められています。どの雇用契約が、どの在留資格に該当する契約か整理し、行政サイドに提示できるようにしなくてはなりません。

　なお、外国人の所持する在留カードが有効かどうか調べることもできます。法務省がオンラインで在留カード等番号失効情報の照会サービスをしています。これにより、有効期限と実在する在留カード等の番号かどうかが分かります。

在留カード等番号失効情報照会

https://lapse-immi.moj.go.jp/ZEC/appl/e0/ZEC2/pages/FZECST011.aspx

5 証明書としての在留カード

　外国人が日本で生活するようになると様々な局面で、自分の身分を証明しなければなりません。例えば、銀行の口座を開設するときにも在留カードの提示を求められますし、携帯電話（プリペイドを除く）の契約や、部屋を借りたいという不動産の契約時などにも重要な身分証明の役割を果たします。

　在留カードには、高度な偽装防止の技術が入った IC チップが使用されていますので、ID カードとしての信用度も高くなります。

　在留カードは法律により携帯・提示義務があり、役所の窓口での本人確認

0章　はじめに

1章　外国人の採用実務

2章　外国人の入国（在留資格と在留カード）

3章　外国人の入社と届出

4章　新しい在留資格「特定技能」とは？

5章　外国人の労務管理

に使われるだけでなく、日本の防犯の目的から警察官から提示を求められる場合もあります。もし所持していないと20万円以下の罰金に処せられます。また、犯罪者と疑われる可能性もありますので注意が必要です。とくに、大都市のターミナルでは、私服警官による職務質問が頻繁に行われていますので、必ず在留カードを携帯するようにしてください。なお、16歳未満の外国人には義務は発生しません。

　在留カードの番号は、自宅等に控えを持っておくと便利です。万が一、カードを紛失しても番号を控えておくことで速やかに再発行の手続きをすることができます。ただし、再発行を希望する場合は、決められた手数料を支払わなくてはなりません。

　在留カードを失くしてしまった場合でも再発行されるというのは安心できます。その一方で携帯義務を怠ると罰金刑を科されることがありますのでご注意ください。

　もちろん偽装した在留カードを所持していると厳しい罰則があり、国外退去処分につながることもあります。日本で生活する外国人にとって、自分と家族の命の次に大切なのが、在留カードとパスポートであることを忘れないようにしましょう。

COLUMN　在留カードの対象にならない人とは？

　在留カードの対象にならない人とは、2012年7月からスタートした新しい在留管理制度の中で、在留カードの対象とならない外国人は以下の①〜⑥に該当する人です。

①3ヶ月以下の在留期間が決定された人

②短期滞在の在留資格が決定された人

③「外交」又は「公用」の在留資格が決定された人

④これらの外国人に準ずるものとして法務省令で定める人

⑤特別永住者（特別永住者カードとなります）

⑥在留資格を有しない人

第3章
外国人の入社と届出

The guide for hiring
foreign workers from scratch

01 外国人を採用する際に心がけたいこと

1 外国人とは文書で雇用契約を結ばなくてはいけない »

　外国人を採用する際、文書で雇用契約を結ぶことは必要不可欠で、必ず守る必要があります。

　外国人と雇用契約を結ぶにあたっては、以下の5点を明示する必要があります。在留資格更新の際には、そのコピーを地方出入国在留管理局に提出しなければなりません。出入国在留管理庁は、労働基準法第15条1項および同法施行規則第5条に基づき、労働者に交付される労働条件を明示する文書を求めてきます。この契約書の内容に不備がある場合、労働基準法の定めに達していない契約内容と判断されると、在留資格の取得は難しくなるので注意が必要です。

　また、新しく設けられた在留資格「特定技能」は、さらに厳しい内容の雇用契約が求められます。

> ① 労働契約の期間
> ② 就業の場所、従事すべき業務
> ③ 始業・就業の時刻、所定労働時間を超える労働の有無、休憩時間、休日、休暇
> ④ 賃金、賃金の計算及び支払方法、賃金の締切日、支払いの時期、昇給に関する事項
> ⑤ 退職に関する事項

　「特定技能1号」の場合、1号特定技能外国人支援計画書を必ず作成し、出入国在留管理庁に届出することが求められています。

2 外国人の住民登録と在留カード

　日本に 90 日以上在留する外国人については、住民登録をすることが義務付けられています。すなわち、「在留カード」の所有者である外国人は必ず住民登録が必要です。外国人の住民登録は、従来通り居住地の市区町村で行います。この根拠は、住民基本台帳法です。

　転入届による住民登録が済むと、2012 年 7 月以降は外国人にも「住民票」が発行されるようになりました。企業の担当者も記載内容の確認をしておく必要があります。「在留カード」を所有している外国人は、「在留カード」を常時携帯する必要があると入管法に定められています。

　「在留カード」は、出入国在留管理庁が情報の一元管理をするので、市区町村は役割が変わります。ただし、住所変更の手続きについては、市区町村の役場経由となり、専用のオンライン端末で情報のキャッチボールが行われます。

3 採用面接の際には必ず「在留カード」の実物の確認を

　採用の面接をするときには、この「在留カード」の実物を確認するようにしてください。もし、在留カードの所有が確認できない場合には、企業として採用することはできません。また、『留学生』や『家族滞在』の在留資格しかない外国人を、正社員としてフルタイムで働かせることも禁止されています。出入国在留管理庁がこの事実を見つけると、その外国人の在留資格の更新が不許可となることがあります。

　企業の実務担当者は、採用面接の際に、外国人が所有する「在留カード」の実物を確認する習慣をつけておいてください。不法滞在をしている外国人が、書類を偽造して就職をしようとすることも考えられるからです。また、在留資格を持っていたとしても、就労できる職務内容や業務の範囲が決められており、外国人に求められる経歴や、必要とされる会社の業務内容も異なります。

　外国人の雇用に関しては、旅券または在留カードにより、「**①在留資格**」「**②在留期間**」「**③在留期限**」を確認することがポイントになります。

　企業がうっかり確認を怠ると、不法就労助長罪の疑いを出入国在留管理庁から受ける可能性もあるので、注意が必要です。

0 章　はじめに

1 章　外国人の採用実務

2 章　外国人の入国（在留資格と在留カード）

3 章　外国人の入社と届出

4 章　新しい在留資格「特定技能」とは？

5 章　外国人の労務管理

外国人を採用するにあたって、日本人とは違う視点でその人材の状況把握をする必要があります。なぜなら、出入国在留管理庁へ在留資格の申請をした場合、就労の在留資格取得ができるタイプと、申請が不許可になり採用が不可能となるタイプがあるからです。外国人であれば誰でもいいというような視点ではなく、どのような知識を持った人材にどういう業務を担当してもらうのか、出入国在留管理庁の審査基準を満たすだけの明確なビジョンを持って採用の業務を進めることが重要です。以下に挙げる7つの項目は、外国人の採用を決める際に必ずチェックすべきポイントです。

チェック1　前職の退職後の空白期間に注意する

外国人が失業しても、在留資格の満了日までは在留資格は有効なのですが、その外国人が正当な理由なく就労していない状態が3ヶ月を超えている場合、在留資格が取り消されてしまうことがあります。このような状況にある外国人を採用しようとする場合、適正な届出がされていないことが分かると、在留状況が良くない素行不良とみなされ、在留資格更新ができなくなる可能性もあります。その空白期間に、この外国人が生計を維持するため、何をしていたのかを把握する必要があります。無届けで飲食店のアルバイト等をしていたようなケースは、厳しい判断をされる可能性が高いということを理解しておきましょう。

チェック2　経歴の確認をする

外国人が、就職をしたいがために、卒業をしていない大学の名前を履歴書

に書いたりするケースもあります。必ず、卒業証書ないし卒業証明書のコピーを入手しましょう。性善説で、外国人のいう言葉を面談ですべて信じてしまうと、在留資格の申請の際に、大学卒業程度の学力を証明する資料が無いため、申請が不許可になることがあります。

チェック3　外国人の日本での目標を確認する

　外国人を採用する場合、その人材がなぜ日本にある企業を希望し、将来はどのような業務を担当していきたいのかという目標を確認するようにしましょう。どのくらいの期間日本に在留し、生活を続けていくつもりかについても質問すべきポイントです。ただ、給料のいい企業に就職したいという価値観の持ち主だと、すぐに辞めてしまいます。お金の問題には、ドライな外国人が多いということを理解しましょう。

　新しい在留資格の「特定技能」も転職可能な在留資格で、待遇が悪いと友人のネットワークで他社に逃げられる可能性もあります。

チェック4　学生時代の生活について確認する

　外国人の場合、留学の資格から就職をするときに、その学生時代の素行も問題になります。一番危険なのは、学生時代に学校にあまり行かず、アルバイトを規定の週28時間を超えて行っていたような人材です。働くことに熱心ともいえますが、出入国在留管理庁の審査官からは、素行不良の人間という評価を受け、在留資格の変更が不許可になる可能性が高いです。

　学生時代に日本にいた場合、真面目に学校で勉強をしていたかどうかが、審査の上でも重要なポイントとなりますので、この点面接のときには、十分に質問し、入管法違反となるような問題が無いことを確認した上で内定を出すようにしましょう。

チェック5　入社後どのような仕事をしてもらうかを明らかにする

　日本では、政府の方針もあり、単純労働ではなく高度人材と認定されるよ

0章　はじめに

1章　外国人の採用実務

2章　外国人の入国（在留資格と在留カード）

3章　外国人の入社と届出

4章　新しい在留資格「特定技能」とは？

5章　外国人の労務管理

うな仕事に就く外国人を歓迎しています。そのため、コンピュータの知識を駆使して、IT技術者として活躍が期待できる人材に関しては、在留資格が取りやすいですが、単純な事務のように誰でもできるものや、荷物の配達員として働くことなどは、単純作業とみなされ、在留資格が出ない仕事に該当します。もし、将来的に海外において業務を担当してもらうときは、その旨をあらかじめ伝えておきましょう。

チェック6　　外国人の日本語の能力を確かめる

　業務の中で日本語が必要な場合、どの程度の日本語能力があるのかを確かめてから採用するようにしましょう。話すのがうまくとも、まったく日本語が読めないケースもあります。少なくとも、最低限業務に支障が出ない程度に日本語が使える人材で無いと、問題が起きることが多いです。

　出入国在留管理庁の審査基準では、少なくともN2相当以上の日本語能力がないと、外国人が通訳担当業務を行うことが難しいと判断します。

チェック7　　過去の職歴を確認する

　外国人が、いままでまったく違う職種の仕事をしていた場合、日本に来る際に、今後担当する業務について全く知識が無い場合などは、出入国在留管理庁も採用理由として疑念を抱くことになります。過去の経歴や職能と何らかの関連性がないと、その人材が日本で働く意味や理由付けが希薄になってしまいます。この点注意して、採用すべき人材を絞り込むことが重要です。

　とくにIT業界で働く場合、過去の職歴が全く違い、大学の専攻もコンピューターサイエンス系でないときは、ITエンジニアとして採用することは難しいです。

　あと注意しなければならないのは、過去に日本において働いていたものの、何らかの理由で帰国した外国人です。違法ドラッグに手を出したり、暴力事件を起こした過去のある外国人の場合、ブラックな履歴が残っていますので、在留資格認定証明書交付申請が不許可になるケースが多いです。

03 外国人を採用した後に注意したいこと

>> Chapter 3　外国人の入社と届出

1 トラブルになりやすい労働保険や社会保険の加入問題

　外国人を採用するときには、労働基準法15条で定められた内容の雇用契約書を作成していることが必要です。この雇用契約書は形式的ではなく書かれた内容を守るよう企業の実務担当者は心がけるようにしてください。よく実務トラブルになるのは、労働保険や社会保険加入の問題です。

　外国人労働者を雇用した場合でも、事業主は保険の加入手続きをとり、保険料を納めることが義務付けられています。さらに、労災保険についても、日本国内の事業所に雇用される労働者であれば、外国人であっても国籍を問わず適用となります。なお、注意点は、外国人の場合「資格取得の日」が出入国在留管理庁から「就労資格」を与えられた日になります。

　そして、提出書類の中に、在留カードのコピーまたは住民票の写しも必要になります。

2 在留資格の更新の際に必要な健康保険証のコピー

　社会保険の適用事業所で働いている場合、外国人労働者も日本人と同じく「被保険者」になります。なお、2010年4月から、外国人の在留資格の更新の際、健康保険証（カード）のコピーを提出することが努力義務となりました。

　2019年4月スタートの「特定技能」では、社会保険への加入が義務化されており、他の在留資格でも社会保険の未加入イコール在留資格更新の不許可になるケースも想定されます。また、永住権申請の際に、日本の年金制度に未加入である、または未加入期間があることが分かると、2019年7月1日以降の申請では不許可事由になります。

0章　はじめに

1章　外国人の採用実務

2章　外国人の入社（在留資格と在留カード）

3章　外国人の入社と届出

4章　新しい在留資格「特定技能」とは？

5章　外国人の労務管理

③ 外国人には「脱退一時金制度」がある

　なお、外国人の場合は、厚生年金保険には「**脱退一時金制度**」があり、条件を満たすと会社をやめてから帰国した後に、脱退一時金が支払われます。外国人が脱退一時金の支給を受けようとするときは、出国後2年以内に請求書に必要書類を添えて社会保険業務センターに郵送します。厚生年金の加入に難色を示す外国人も多いのですが、法律で決まっている旨、説明をするようにしてください。

④ 国籍によって労働条件を差別するのは禁じられている

　企業にとって重要なことは、外国人を利用した場合、その者の国籍を理由として労働条件について差別しないことです。これは、労働基準法3条の均等待遇の原則に違反することになります。残念ながら、この原則を守れない企業が多く、社会問題になっているのも事実です。国際的な人権問題になってからでは遅いという認識を持っていただきたいです。

⑤ 外国人の税金について

　外国人労働者の課税について、事業者が外国人労働者に対して給与を支払う場合は、所得税の源泉徴収を行う必要があります。

　日本に居住する場合、事業主は外国人労働者から「給与所得者の扶養控除等申請書」を受けて、給与等を支払う都度、扶養する親族等の数に応じて「給与所得の源泉徴収税額表」によって税額を算出して源泉徴収を行います。その年の最後の給与の支払いを行う際に「年末調整」によって、その外国人が納付する所得税の清算を行います。

　なお、外国人が単身で日本において仕事をしているケースでは、扶養家族が本国にいる旨を記した「給与所得者の扶養控除申告書」を提出することで扶養家族として認められます。

　一方で、住民税については、その外国人が1月1日現在、居住者として日

本に住んでいた場合には、「納税義務者」として扱われます。住民税額は、前年の課税状況を参考にして、4月以降に各市町村で決定され、当該外国人にも通知されます。

⑥　日本の文化や習慣の違いを丁寧に教えること »

外国人を雇用する際のポイントとして、文化の違いを丁寧に教えることが重要な意味を持ちます。例えば、朝礼のような習慣がない文化も多いわけですから、なぜそのような習慣があるのか、どのような効果が期待できるのかなど、分かりやすい解説をすることも企業の担当者に求められる実務の一つではないでしょうか。

雇用保険や労災保険等は社会保険労務士に、各種税金については税理士に、人権的な問題は弁護士・司法書士に相談しましょう。

⑦　在留期間を延長したいときは更新手続きをする »

在留期間を延長したいときは、「**在留期間更新許可申請**」をします。

この許可が下りると、現在の期間が満了した後も、続けて日本に滞在することが可能になります。

申請は在留期間が切れる前に3cm×4cmの証明写真や申請書、証明資料を持参し、外国人の居住する地区を管轄する地方出入国在留管理局で行います。この申請は、約3ヶ月前から受け付けてもらえます。とくに問題がなければ、4週間前後で許可が下り、在留カードは新しいものに切り替わります。

また、「労働施策の総合的な推進ならびに労働者の雇用の安定及び職業生活の充実等に関する法律」によって、外国人を雇用する企業は外国人社員の雇用または離職のときに、氏名、在留資格、在留期間について確認し、ハローワークへ届出ることが義務付けられています。2007年10月以前の段階で雇用している外国人についても届出の対象となります。もし、届出を怠ったり、虚偽の届出を行うと30万円以下の罰金の対象となりますので注意が必要です。この届出は「**外国人雇用状況の届出**」という名称です。

0章　はじめに

1章　外国人の採用実務

2章　外国人の入国（在留資格と在留カード）

3章　外国人の入社と届出

4章　新しい在留資格「特定技能」とは？

5章　外国人の労務管理

04 「不法就労者」を雇うと 会社も罰せられる

　不法就労とは、不法に入国したり、在留期間を超えて不法に残留したりするなどして、正規の在留資格を持たない外国人の行う就労をいいます。

　また、正規の在留資格をもっている外国人でも、許可を受けないで在留資格で認められた活動の範囲を超えて行う就労については、不法就労に該当します。

　例えば、留学生が学校に行かず、フルタイムで特定の企業で働き続けているような場合も不法就労となります。「1週間に28時間まで」しか働かせることは出来ません。フルタイムで雇用した場合、入管法違反となります。

　企業の人事担当者は、外国人と面談した際に在留カードを提示してもらい、そのままの在留資格で働くことができるのか、変更申請をすれば働くことが可能なのかをチェックしなくてはなりません。

　なお、不法就労の外国人を雇用していた場合、雇用主（企業）にも罰則が適用される場合があるので注意が必要です。入管法73条の2には、「不法就労助長罪」が定められています。この法律では、

・事業活動に関し、外国人に不法就労活動させた者
・業として、外国人に不法就労活動をさせる行為又は行為
　に関しあっせんした者

を処罰の対象としており、**3年以下の懲役または300万円以下の罰金またはその併科（両方）**が規定されています。

　採用者（企業）は、採用した者が不法就労者であることがわかった場合に、

それを理由として解雇しても解雇権の濫用にはあたらない、と一般的には考えられております。

在留カードを所持していないということは、働いてはいけないということです。

なお、留学生のアルバイトについては、事前に出入国在留管理庁に資格外活動の許可を受ける必要があります。在留カードに資格外活動の許可があるかどうかを確認しなければなりません。資格外活動がある場合、在留カードの裏面に記載されています。

資格外活動の許可を受けていれば、アルバイトをすること自体に問題はありませんが（職務内容については風俗営業のアルバイトは認められておりませんが、一般的な単純労働・肉体労働は認められています）、資格外活動の許可時間に制限があるので、雇用主は時間管理については十分な管理が必要となります。

COLUMN　雇用のミスマッチと外国人採用

最近、人気が高いのがインド人のIT技術者です。企業が国際化する中、英語も日本語も完璧で、システムを構築していくことが求められるケースが多くなってきています。ところが、日本人ではシステムを構築できても、英語が不得意な人材が多く、企業のニーズに合致しないケースが増えているそうです。

結果として、日本語を勉強し、マスターしたインド人のIT技術者が、企業のニーズに合致し、増えているという結果が生じています。実際、東京の国際関連企業では、国際取引システムの構築にインド人技術者が従事していることが多くなってきました。

1 留学生などをアルバイトで雇用する場合

　例えば、一般企業において『技術・人文知識・国際業務』の資格で働いている社員が、中学校で英語の教師を週に1度するような場合は、『教育』の活動に当たるので、『**資格外活動**』の許可を得なくてはなりません。『**資格外活動**』の許可も新しい入管法では、在留カードに明記されます。

　このように「在留資格」に関する活動を行いつつも、在留資格で許されているもの以外の活動で収入を伴うものを副次的に行う場合、資格外活動の許可が必要となります。

　一番多いのは、留学生がコンビニエンスストアやファミリーレストランなどでアルバイトをするケースです。

　資格外活動許可は、留学生については勤務先を特定しなくても事前に申請できます。これに対して、他の在留資格で入国している外国人は、就職先が内定してから申請をすることになります。

　留学生を企業がアルバイトで使う場合、1週28時間を限度としなければなりません。この場合、勤務先や時間帯を特定することなく、包括的な資格外活動許可が与えられます。大学に通っている留学生の場合、夏休みなどの長期休業期間は1日8時間まで働いてもらうことが可能です。

　アルバイトの留学生に働いてもらう場合、企業の人事担当者は「資格外活動許可」を受けているかどうかを確認することが重要です。在留カードの裏面に、資格外活動の許可が明示されているかを確認してください。

　なお、『永住者』、『日本人の配偶者等』、『定住者』の在留資格を有する外国人については就労制限がないので、資格外活動許可を受けることなく働いて

もらうことが可能です。

2 | 資格外活動で雇用する場合の注意点 »

　不法就労とは、不法に入国したり、在留期間を超えて不法に残留したりするなどして、正規の在留資格を持たない外国人の行う就労をいいます。

　また、正規の在留資格を持っている外国人でも、許可を受けないで、在留資格で認められた活動の範囲を超えて行う就労については、不法就労に該当します。

　例えば、留学生が学校に行かず、フルタイムで特定の企業で働き続けているような場合も不法就労となります。実際、フルタイムで居酒屋のアルバイトをして、地方出入国在留管理局にその事実を知られ『留学』の在留資格を失う外国人もいます。

　企業が間違えやすいのは『家族滞在』の在留資格を持っている外国人についてです。「1週間に28時間まで」しか働かせることはできません。フルタイムで雇用してしまうと入管法違反となります。

　企業の人事担当者は、外国人と面接した際に在留カードを提示してもらい、そのままの在留資格で働くことができるのか、変更申請をすれば働くことが可能なのかをチェックしなくてはなりません。

　なお、不法就労の外国人を雇用していた場合、雇用主（企業）にも罰則が適用される場合があるので注意が必要です。入管法の73条の2には、「不法就労助長罪」が定められています。この法律では、

---

① 事業活動に関し、外国人に不法就労活動させた者

② 外国人に不法就労活動をさせるためにこれを自分の支配
　下に置いた者

③ 事業として、外国人に不法就労活動をさせる行為または
　行為に関しあっせんした者

0章　はじめに

1章　外国人の採用実務

2章　外国人の入国（在留資格と在留カード）

3章　外国人の入社と届出

4章　新しい在留資格「特定技能」とは？

5章　外国人の労務管理

を処罰の対象としており、3年以下の懲役または300万円以下の罰金または その併科が規定されています。

　採用者（企業）は採用した者が不法就労者であることがわかった場合には、それを理由として解雇しても解雇権の濫用にはあたらないと一般的には考えられています。

　資格外活動の許可を受けていれば、アルバイトをすること自体に問題はありませんが、資格外活動の許可時間に制限があるので、雇用主は時間管理については十分な管理が必要です。『留学生』と『家族滞在』については、週28時間までしかアルバイトが認められていないということを、企業の労務担当は認識しておかなければいけません。

COLUMN　在留期間の延長を行った場合のマイナンバーの取扱い

　外国人で在留カードを持っている人は各人にマイナンバーが与えられます。実は外国人の場合、マイナンバーカードの有効期限は在留カードの有効期限と同一になっています。日本人の場合は10年という有効期限がありますが、これと大きく異なります。在留期間の更新で在留できる満了日が変更された場合、その情報はマイナンバーカードには自動的に反映されません。マイナンバーカードを持つ外国人は住所のある市区町村の窓口に新しいカードを提示し、手続きを行う必要があるのです。

　外国人の場合、一定期間自分の国に戻り、しばらくしてから再来日し、新しい在留カードを受領することがあります。この場合、在留カード番号は変更となりますが、マイナンバーは帰国前に日本で使われていた番号が復活します。つまり、外国人も日本在留中に使うマイナンバーは一生涯で1つの番号となります。

　今後マイナンバーカードは、健康保険証としても活用されることになります。

06 アルバイトを採用する際の在留資格別の注意点

>> Chapter 3　外国人の入社と届出

0章　はじめに

1章　外国人の採用実務

2章　外国人の入国（在留資格と在留カード）

3章　外国人の入社と届出

4章　新しい在留資格「特定技能」とは？

5章　外国人の労務管理

　企業が外国人のアルバイトを採用するときは注意が必要です。実際、アルバイトの場合でも外国人を雇ったときには、「**外国人雇用状況届**」をハローワークに届けることが義務化されています。誤った知識や確認のミスで、不法就労の外国人を雇用してしまうと企業側の責任を問われ、最悪、経営者が逮捕されることもあります。

1　留　学

　出入国在留管理庁において、『**資格外活動許可**』を取得していなければなりません。学生は、基本的に週28時間までしか働けません。ただし、夏休み期間中など長期の休みのときには、労働基準法で規定された最大労働時間（週40時間）まで働くことができます。

2　家族滞在

　ご主人か奥様が、フルタイムの仕事を日本国内でしており、その家族として滞在しているケースでは、やはり週28時間までしかアルバイトできません。大前提として、出入国在留管理庁から『**資格外活動許可**』を得ることが必要です。この基本を理解せずに、企業側がフルタイムで働かせてしまうケースが多く、問題となっています。28時間を超えて働かせることは、不法就労に該当するということを忘れないでください。留学生と違い、夏休みでのフルタイムの許可などなく、1年間を通して週28時間までしか働くことはできません。

3 | 技術・人文知識・国際業務

　基本的に就労系の在留資格の場合、アルバイトができる職種が限られています。具体的には、単純労働系とみなされる活動に対しては、『資格外活動許可』は出ません。『資格外活動許可』が出るのは、大学の非常勤講師、語学教師、パソコン教室のインストラクターなどの仕事です。違反事例として多いのは、許可を取らずにコンビニのレジの業務を行うことや、ウエイターやバーテンダーなどの仕事をオフの時間に継続的に行い収入を得る行為です。外国人が、自分は日本で働く在留資格があるので、仕事なら何でもできると勘違いしているケースもありますので、注意が必要です。

4 | 短期滞在

　短期滞在のアルバイトは、禁止されています。ただし、例外的に、以前は就労系の在留資格を持っていたが、会社の都合で解雇されたケースにより失業中で、失業保険の給付を受けながら仕事を探している外国人の場合は、アルバイトが認められることもあります。

5 | 文化活動

　日本の文化の勉強のために日本に滞在している人にも出入国在留管理庁の裁量で、アルバイトが認められることもあります。資格外活動が認められているかどうかを確認してください。確認の方法としては、在留カードの裏面の「**資格外活動許可欄**」の記載を見ることです。①か②の記載があります。
　①許可（原則週 28 時間以内・風俗営業等の従事を除く）。
　②許可（資格外活動許可書に記載された範囲内の活動）。
　と書いてあれば就労することができます。（②については、パスポートに貼られた資格外活動許可書を確認します。）

07 外国人の転職者を雇うときに注意したいこと

>> Chapter 3　外国人の入社と届出

1　外国人の転職者の採用時には「就労資格証明書」の申請を »

　日本に在留する外国人からの申請に基づき、その外国人が行うことのできる収入を伴う事業を運営する活動または報酬を受ける活動を証明する文書のことを「**就労資格証明書**」といいます。自社でその外国人を雇用することについて在留資格の上で問題がないかを行政によって証明してもらうことができる書類です。

　この証明書は、企業が雇用した外国人の情報をハローワークに報告する義務の法制化により、発行されるケースが多くなりました。法律上の外国人の採用の際の「**外国人雇用状況の届出**」に関する規定が厳格化されているので人事担当者は注意が必要です。届出を忘れると、30 万円以下の罰金に処されるケースもあります。

　実際に、雇用する予定の外国人が、どのような就労活動を行うことができるのか容易に確認できるのが「**就労資格証明書**」の特長です。

　この証明書には、外国人の氏名と国籍、生年月日という基本情報に加え、在留資格（在留期間）、行うことのできる就労活動の具体的内容、就労することのできる期限の情報が記載されています。

2　企業の担当者は採用予定者に「就労資格証明書」を提出してもらう »

　企業の採用担当者は、履歴書や経歴書以外に、この就労証明書を提出してもらうことにより、合法的に外国人の採用が可能かどうかの判断ができるようになります。

0 章　はじめに

1 章　外国人の採用実務

2 章　外国人の入国（在留資格と在留カード）

3 章　外国人の入社と届出

4 章　新しい在留資格「特定技能」とは？

5 章　外国人の労務管理

アルバイトやパートタイマーの外国人を雇用する場合、「在留カード」を提出してもらうことは、資格外活動の許可があるかどうかはわかりますが、就労資格証明書の提出を求めることで、採用にあたって自社にとって適切な人材かどうかの判断は行いやすくなります。

ただし、「就労資格証明書」は、あくまでも希望する外国人に対して交付されるもので、採用予定の企業が地方出入国在留管理局に出向いたからといって、その外国人の証明書が取得できるものではないので注意が必要です。

なお、企業側は外国人が就労資格証明書を持っていないケースでも、旅券や在留カードで就労することが確認できるのであれば、その外国人を雇用しても問題にはなりません。

3 就労資格証明書を取得しておけば、在留期間の更新のときに有利になる

「就労資格証明書」を取得し在留資格を証明してもらうことで、将来、在留期間更新という時期がきたとき、許可申請がスムーズに行えるというメリットがあります。採用時に就労資格証明書の交付を受けていれば、その時点で出入国在留管理局の審査をパスしたことになるので、在留期間の更新手続きの際にも、すでに自社での在留資格の正当性が証明されたと見なされるので、より迅速に更新の許可が下りるケースが多いようです。

「就労資格証明書」で実際に英会話学校に勤務していたアメリカ人が、金融取引業のA社の日本人社員の英語のコミュニケーションサポート業務に従事することができるかどうか確認を求めたケースがあります。

この場合、A社における日本人社員の英語によるコミュニケーションサポート業務は「技術・人文知識・国際業務」に該当するというような表現で「就労資格証明書」が発行されます。

実際、企業の人事部の中にはルールとして、新しく転職希望で採用を予定する外国人に必ず就労資格証明書の提出を求めているところもあります。

企業が行う在留資格申請の手続き

>> Chapter 3　外国人の入社と届出

　企業（例えば貿易産業や IT 産業など）が外国人を採用する場合には次の 3 つの在留資格申請手続きが必要になります。これらは入管法により、手続きが規定されています。

---

① 在留資格の新規申請（在留資格認定証明書交付申請）
② 在留資格の変更申請（『留学』から『技術・人文知識・国際業務』など）
③ 在留資格の更新申請（期間の更新）

　実際に採用する外国人がこれから日本に上陸する際には「**在留資格認定証明書**」が必要となります。また、もしも、在留資格以外の就業（例えばアルバイトで学校の外国語講師や留学生のアルバイトなど）を行う場合には、上陸後「**資格外活動**」の許可を受ける必要があります。
　ここでは企業の在留資格申請手続きについて説明します。

① 在留資格の新規申請（在留資格認定証明書交付申請）

　企業が外国人を採用し、日本で働いてもらう場合には地方出入国在留管理局において在留資格の申請手続きが必要です。
　在留資格を新規に取得するためには、出入国在留管理局に対して、「**在留資格認定証明書**」の交付申請をすることになります。
　在留資格認定証明書は、日本に入国しようとする外国人が、30 種類ある在留資格のどれに該当するかを、日本の法務大臣が認定したことを証明するものです。

0 章　はじめに

1 章　外国人の採用実務

2 章　外国人の入国（在留資格と在留カード）

3 章　外国人の入社と届出

4 章　新しい在留資格「特定技能」とは？

5 章　外国人の労務管理

通常は、申請取次の行政書士や、外国人を招こうとする企業の社員が「在留資格認定証明書」を作成し、証明書類を添付して外国人に代わって出入国在留管理局に申請します。

「在留資格認定証明書」は法務大臣が発行するもので、発行されるまでには1ヶ月から5ヶ月かかります。実際にカテゴリー3、カテゴリー4に属する中小企業の場合には、3〜5ヶ月待たされるケースもあります。とくに中小企業の場合、証明書類に不備があると不許可になり、事業計画そのものが崩れるケースもあります。専門家である行政書士もしくは弁護士に相談をお勧めいたします。申請により許可が下りた場合、「在留資格認定証明書」を採用する外国人に送付します。

申請に（採用する外国人本人）は、在留資格認定証明書を受け取ったら自国にある日本国大使館か領事館に提示することになります。

この手続きにより、ビザ（査証）が発行され、日本に上陸したときに入国審査がスムーズに進むことになります。この流れにより、外国人は正規に日本に滞在できるのです。

一方もうひとつのケースは、外国人が在外公館に直接査証を申請するケースです。通常、外交、公用、短期滞在の在留資格については、短期間ビザ（査証）で在外公館より発給されます。こちらのケースは外交官など特殊なケースなので説明を省きます。

② 在留資格の変更

留学生（留学の在留資格を持つ）が、日本の大学や専門学校を卒業した後、日本の企業への就職を希望する場合や、就業の在留資格を持つ外国人が別の就業活動（職務内容が変わる）に就く場合などがこの「**在留資格の変更申請**」となります。

今後、留学生が日本の会社に採用されることは増えていくことと思われます。この場合には「**在留資格の変更申請**」が必要になってきます。

在留資格変更が許可されるための要件として、外国人留学生の学歴と企業での職務内容が合致していて、法律で認められている就労内容であることが求められます。職種がいわゆる単純作業では、在留資格の変更は難しいとお

考えください。

　就労内容について現状では、法務大臣の価値観と時代認識の違いにより、従来に比べ厳格性が緩和される傾向にあります。留学生の専攻と、就労する職務との相関性は、以前に比べると厳しくなくなったのが実情です。例えば、デザインを専攻していた学生が、IT 関連企業へ、「技術・人文知識・国際業務」の在留資格で在留資格変更が認められた事例もあります。規制緩和の時代ですから、企業の採用担当者はいろいろな能力を持つ人材の確保に動くことが可能です。

　在留資格変更は、2〜3月の学生の卒業シーズンになると、大変手続きに時間がかかります。優秀な留学生を戦力にするためには、なるべく早く申請するとよいでしょう。変更申請が遅れると、4月の入社時期に許可が下りないという事態が発生します。

　留学生の場合、東京地方出入国在留管理局では、前年の12月から在留資格変更の手続きを受け付けています。卒業した際には、卒業証明書か卒業証書の実物を見せ、コピーを渡すことで在留資格の変更が認められます。

　一方、就業の在留資格を持つ外国人が別の就業活動を行う場合の「在留資格の変更」は法務大臣が在留資格の変更を適当と認めるに足りる相当の理由があるときに限り、法務大臣の裁量により許可することができるとされているので、申請すればだれでも許可されるものではありません。

　学生時代に素行不良などが明らかになっている場合などは「在留資格の変更」が許されないケースもあります。その場合、希望する在留資格でなく帰国準備のための『特定活動』または『短期滞在』が与えられる場合もあります。

③ 在留資格の更新

　「在留資格の期間」は、「在留資格の種類」により決まっており、出入国在留管理局の裁量により最大5年間まで許可されます。

　期間が切れてしまうと不法滞在となり強制退去の対象になってしまうので注意が必要です。在留カードの有効期限が日本に滞在できる期限です。

　そのためには実務担当者は雇用した外国人の在留資格期間がいつまでであるのかを管理しておくことが必要です。引っ越しをしたケースや関連会社に

87

出向いているケースなど、情報が変わっている場合、新しい情報を出入国在留管理局に届出る義務があります。人事担当者が変わったときに、この情報を共有化する必要があり、忘れていると更新が不可能となり、帰国しなければならない場合もあります。

「在留資格の更新」申請は、在留期間が切れるおよそ3ヶ月前から10日前までの間に期間の更新申請を行い、許可を受ける必要があります。ただし、在留期限までは、更新の手続きは受け付けてもらえますので、不法滞在になる前に行政書士事務所にお問い合わせください。証明書類の不備は不許可につながるので、専門家への相談をお勧めいたします。

実際、「在留資格の更新」は申請を行えば必ず許可されるというものではなく、法務大臣により、「①在留資格該当性が維持されており」「②更新を適当と認めるに足る相当に理由がある」と判断された場合にのみ許可されます。外国人を採用している企業の権利として更新が認められるものではありませんので注意してください。例えば、不当に安い賃金（月18万円未満）しか支払っていないとか、債務超過の決算で企業の存続が厳しいケースでは更新が不許可となる可能性があります。

外国人オーナーの企業では、とくに注意が必要です。オーナーの在留資格が『技術・人文知識・国際業務』で、個人事業主として事業を行っている場合、他の外国人を雇用して事業を展開することはできません。実際、個人事業主として企業の英会話研修をしていたイギリス人のD氏が、友人のE氏を雇用して手伝ってもらおうと考え、不許可になった事例があります。

1 ｜「在留資格認定証明書」の申請に必要なもの　»

一般に企業が外国人を採用するにあたって在留資格認定証明書を交付申請、資格変更申請する場合には出入国在留管理局に提出する書類が有ります。

申請内容により書類の内容は異なりますが一般的には以下の書類は必要となります。

> ① 在留資格認定証明書交付申請書
>
> ② 写真（縦4cm×横3cm）を1枚

③ 返信用封筒（定形封筒に宛先を明記し、簡易書留用の切手を用意）

④ 招聘機関（企業等）の概要や会社案内と登記簿、直近の決算書の
写し（損益計算書、貸借対照表など）、源泉徴収等の法定調書合計
表、新規事業の場合は事業計画書

⑤ 申請人（採用される外国人）の学歴及び職歴その他の経歴を証明す
る文書。申請人の履歴書に加え、大学の卒業証明書か在職証明書

⑥ 申請人（採用される外国人）の雇用契約書等の採用書類や契約書
（派遣契約、業務委託契約）と、その機関（企業等）の概要が明ら
かになるような資料も提出しなければなりません。

　地方出入国在留管理局に提出する雇用契約書の内容でチェックされるのは
特に、職務内容、勤務期間、職務上の地位、賃金についてです。

　この中で最も重要な書類として「雇用契約書」があります。通常は厚生労
働省のホームページからダウンロードした「労働条件通知書」を使用するこ
とが多いようです。

　「雇用契約書」では、労働条件の明示を外国人労働者にも行わなくてはなり
ません。労働条件の明示は、労働基準法15条と規則5条1に書かれている
内容を包括して文書化する必要があります。

① 労働契約の期間に関する事項

② 就業の場所および従事すべき業務に関する事項

③ 始業および終業の時刻、所定労働時間を超える労働の有無、休憩時
間・休日・休暇

④ 賃金（退職手当等を除く）の決定。計算および支払いの方法。賃金
の締め切りおよび支払い時期ならびに昇給に関する事項

⑤ 退職（解雇の事由も含む）に関する事項

　注意すべき点は、賃金水準、雇用内容などです。外国人の賃金が日本人の同じ職種に比べて不当に低い場合には雇用契約として認められません。労働基準法違反となるので在留資格認定証明書の許可が受けられません。実際に、日本人社員の初任給が22万円で、韓国人社員の初任給を11万円として不許可になった会社の事例もあります。企業側は、韓国の新入社員がソウルでもらう初任給の基準に合わせたと弁明していましたが、日本国内で働いてもらう場合、あくまで法の下の平等で日本人社員と同じ給与体系を採用する必要があります。さらに採用する外国人が学生ならば、専攻してきた内容と職務内容に関連性が十分にあることが必要です。

　加えて、任意で作成した採用理由書を添付し、「なぜその外国人が自社にとって必要なのか」を詳しく説明するとよいでしょう。

　なお、これらの書類については地方出入国在留管理局への申請時に不備があると、外国人の入国（上陸許可）が遅れて就労時期に間に合わなかったり、最悪の場合、就業できない等のトラブルが発生する可能性があります。

　新しい在留資格「特定技能1号」の場合、在留資格認定証明書交付申請で求められる資料も以下のように多くなっています。

- ・特定技能外国人の報酬に関する説明書
- ・特定技能雇用契約書の写し
- ・雇用条件書の写し
- ・事前ガイダンスの確認書
- ・支払費用の同意書及び費用明細書
- ・徴収費用の説明書
- ・特定技能外国人の履歴書
- ・技能試験の合格証明書の写し
- ・日本語試験の合格証明書
- ・健康診断個人票
- ・通算在留期間に係る契約書
- ・1号特定技能外国人支援計画書

　この他状況に応じて多数の証明書類が必要です。

09 『技術・人文知識・国際業務』 の在留資格を申請する

>> Chapter 3　外国人の入社と届出

　日本国内の公的機関、一般企業などと行う契約に基づく業務のうち、いわゆる一般的なワーキングビザとして「**技術・人文知識・国際業務**」の在留資格があります。この在留資格は、日本の公的機関や企業との契約を結んで行う業務で、理学、工学その他の自然科学の分野に属する技術または知識を要する場合も含まれます。

　ただし、「教授」、「芸術」、「報道」、「経営・管理」、「法律・会計業務」、「医療」、「研究」、「教育」、「企業内転勤」及び「興行」に関する在留資格に該当するものは除きます。

　「技術・人文知識・国際業務」のうち「人文知識・国際業務」に該当する職種としては、通訳、貿易業務、服飾もしくは室内装飾のデザイナー、商品開発、語学学校の教師、アナリスト、リサーチャーなどが該当します。商社で市場開発を行う場合や、国際広報、証券会社のトレーダーなどもこの在留資格に該当します。

　一方、「技術・人文知識・国際業務」のうち「技術」に該当する職種としては、コンピューターエンジニア、機械工学の技術者、電気工学のエンジニア、ウェブデザイナー、工業製品のデザイナー、システムエンジニア、化学のリサーチ結果を商品化に結びつける仕事などがあります。

2 提出書類

　「技術・人文知識・国際業務」の在留資格を申請するには、申請人である外国人は、以下の書類を用意し、提出しなければなりません。

0章 はじめに

1章 外国人の採用実務

2章 外国人の入国（在留資格と在留カード）

3章 外国人の入社と届出

4章 新しい在留資格「特定技能」とは？

5章 外国人の労務管理

なお、日本で発行される証明書については、発行日から3ヶ月以内のものを用意する必要があります。カテゴリー制度導入により所属機関の規模により提出する書類が異なります。

　なお、入国管理局における審査の過程で、その他にも資料の提出が必要となることがあります。

区 分 (所属機関)	カテゴリー1	① 日本の証券取引所に上場している企業 ② 保険業を営む相互会社 ③ 本邦または外国の国・地方公共団体 ④ 独立行政法人 ⑤ 特殊法人 ⑥ 特別認可法人 ⑦ 国・地方公共団体認可の公益法人（特例民法法人） ⑧ ①〜⑦に掲げるもののほか法人税法別表第1に掲げる公共法人
	カテゴリー2	前年分の職員の給与所得の源泉徴収票等の法定調書合計表により1,500万円以上の納付が証明された団体・個人
	カテゴリー3	前年分の職員の給与所得の源泉徴収票等の法定調書合計表が提出された団体・個人（カテゴリー2を除く）
	カテゴリー4	上のいずれにも該当しない団体・個人

　カテゴリー4は、創業して1年経過していない企業、もしくは個人事業主が該当します。信用が低いため、十分な説明と事業計画書の提出が求められることになります。

共通	① 在留資格認定証明書交付申請書　1通 ※ 地方出入国在留管理局において、用紙を用意しています。また、法務省のホームページから取得することもできます。 ② 写真（縦4cm×横3cm）　1葉 ※ 申請前3ヶ月以内に正面から撮影された無帽、無背景で鮮明なもの。 ※ 写真の裏面に申請人の氏名を記載し、申請書の写真欄に貼付してください。 ③ 返信用封筒（定型封筒に宛先を明記の上、簡易書留用の切手を貼付したもの）　1通 ④ 上記カテゴリーのいずれかに該当することを証明する文書　適宜 　　カテゴリー1　　四季報の写し又は日本の証券取引所に上場していることを証明する文書（写し）主務官庁から設立の許可を受けたことを証明する文書（写し） 　　カテゴリー2・3　前年分の職員の給与所得の源泉徴収票等の法定調書合計表（受付印のあるものの写し） ⑤ 専門学校を卒業し、専門士又は高度専門士の称号を付与された者については、専門士又は高度専門士の称号を付与されたことを証明する文書　1通 ⑥ 申請人の日本国内での具体的な活動の内容、期間、地位及び報酬を証明する文書を用意します。 この書類に該当するのは、雇用契約書の写し、辞令の写し、採用通知書の写しなど。また、招聘する企業等以外の機関において就労するケースでは、その根拠となる契約書（派遣契約書、業務委託契約）と、その機関（企業等）の概要が明らかになるような資料も提出しなければなりません。

0章　はじめに

1章　外国人の採用実務

2章　外国人の入国（在留資格と在留カード）

3章　外国人の入社と届出

4章　新しい在留資格「特定技能」とは？

5章　外国人の労務管理

10 『技能』の在留資格を申請する

　企業活動の関係で、この在留資格に関連するのは、レストランなどの外食産業や、スポーツクラブなどの施設や宝石関連の業界などです。

　あくまでも、経験を有することを立証した上で、スキルに問題なしと判断されると、当該外国人の日本入国が可能となります。

　日本の公的な機関や、企業と契約により携わる産業の中でも**特殊な分野の熟練した技術を持つ外国人**で出入国在留管理庁の基準に該当する者のみが対象となる在留資格が、「**技能**」なのです。

　もし、中華料理の専門店を開きたいというときは、中国人のコックを招きたいと考えるのが当然です。この場合、ちゃんとコックに給与を払うだけの売り上げの確保ができるかという側面と、そのコックが十分な経験をつんだ人間かどうかという部分がチェックされます。中華料理は、外国において考案されたわが国において特殊なものという前提条件がありますので、例えば、フランス人が中国で中華料理を学んだとしても、中華料理店で働くために「**技能**」の資格では在留できません。このケースでは、中国で生まれ育ち、コース料理を出すような本格的な中華料理の現場で働いてきた人が対象となります。

　建築関係であれば、「外国に特有の建築又は土木に係る技能」に関連して、日本では特殊なものとして認められることにより、外国人の職人が、「技能」の在留資格で来日することができます。

　工芸品などでは、ベネチアグラスの職人や、ペルシャじゅうたんの製造修理に関連した仕事をする外国人であれば、「外国に特有の製品の製造または修理にかかる技能」に該当するので、「技能」の資格で入国できます。

　スポーツ関連産業であれば、スポーツクラブのインストラクターなどで、指導を行う立場の人は、「技能」の活動に該当することになります。

1 提出書類 »

区分（所属機関）	カテゴリー1	① 日本の証券取引所に上場している企業 ② 保険業を営む相互会社 ③ 本邦または外国の国・地方公共団体 ④ 独立行政法人 ⑤ 特殊法人 ⑥ 特別認可法人 ⑦ 国・地方公共団体認可の公益法人（特例民法法人） ⑧ ①〜⑦に掲げるもののほか法人税法別表第1に掲げる 　公共法人
	カテゴリー2	前年分の職員の給与所得の源泉徴収票等の法定調書合計表により1,500万円以上の納付が証明された団体・個人
	カテゴリー3	前年分の職員の給与所得の源泉徴収票等の法定調書合計表が提出された団体・個人（カテゴリー2を除く）
	カテゴリー4	上のいずれにも該当しない団体・個人

　そのほかにも入国管理局の審査の過程において、その他の資料の提出を求められることもあります。特にコックの招聘（しょうへい）には、近年かなり厳しい審査が行われる傾向があり、現地で実際に働いていたかどうか、外務省の職員から電話調査が入ることもあります。このため、審査に時間がかかり、不許可になるケースも多いのが実情です。

 ## ワーキングホリデーについて　　　one point advice

　日本は、現在、オーストラリア、ニュージーランド、カナダ、韓国、フランス、ドイツ、イギリス、アイルランド、デンマーク、中華民国（台湾）、香港、ノルウェーとワーキングホリデーの協定を結んでいます。これらの地域から来日した若者（25歳または30歳まで）は、日本で1年間休暇を楽しみながら滞在資金を補うために就労することができます。企業がワーキングホリデー

0章　はじめに

1章　外国人の採用実務

2章　外国人の入国（在留資格と在留カード）

3章　外国人の入社と届出

4章　新しい在留資格「特定技能」とは？

5章　外国人の労務管理

（特定活動の在留資格）で日本に来た外国人を正社員として採用した場合、条件が「技術・人文知識・国際業務」に合致していれば、在留資格変更申請をすることにより、雇用することが可能になります。（一部例外があります。）

COLUMN　短期滞在在留資格の変更・延長

　入管法では、基本的に短期滞在から他の在留資格への変更は認めない立場を採っています。ただし、やむを得ない特別の事情に基づくものの場合、許可されることもあります。

　例えば、短期滞在で海外の支店からやって来た社員が、会社の都合で日本国内において3ヶ月以上働いてもらう必要が出た場合、短期滞在の在留期間が切れるまでに在留資格認定証明書交付申請をして許可を得た後「企業内転勤」への在留資格変更の手続きをすれば、再び外国人が海外に戻ることなく変更の許可が認められることがあります。

　また、短期滞在で来ていた外国の子会社の社員が急病で入院してしまったケースでは、医師の診断書があれば、短期滞在の在留資格の延長が認められます。

　地方出入国在留管理局の配慮で、企業や外国人社員が余分な経費をかけることのない対応が採られていることは喜ばしいことです。

　もちろん、すべてのケースで許可が下りるわけではないので、行政書士や弁護士への相談をお勧めします。

11 『企業内転勤』の在留資格を申請する

>> Chapter 3　外国人の入社と届出

　日本に本店、支店その他の事務所がある外国人の職員が、期間を定めて日本国内の事務所で働く際に必要になる在留資格で、法律、経営学等の人文科学の分野または物理、工学等の自然科学の分野に属する知識を必要とする業務が該当します。なお、親会社、子会社及び関連会社間の相互の異動についても『**企業内転勤**』に含まれます。

　在留資格のうち、「技術・人文知識・国際業務」と違って「企業内転勤」で在留する場合は、外国人は、同じ企業内の転勤という形で日本国内において転勤することになります。通常は、海外で雇用した際に雇用契約を結んでいるため、日本においてその外国人と再び雇用契約を結ぶ必要はありません。

　国際的に事業を展開する企業が増える中、人事異動で海外の関連会社から転勤する外国人は増える一方です。この流れに対応する目的で設けられたのが「企業内転勤」という在留資格です。

　あくまでも日本国内に事務所が存在していることが前提なので、事務所が確保されていないときには、「企業内転勤」の在留資格は認められません。このケースでは、「短期滞在」の在留資格で来日し、日本に事務所を開設してから「企業内転勤」の在留資格認定証明書交付申請手続きを行うことになります。さらに、地方出入国在留管理局では、転勤する前の1年以上は海外の関連会社で雇用されていたという実績を求めてきます。これは、日本国内の事務所で働くことのみを目的としてこの「企業内転勤」という在留資格を使うことを防ぐためです。

　基本的な方針として、地方出入国在留管理局が示しているのは、企業の実務に関して専門的な知識を持った社員のみが企業内転勤の該当者になるということです。なお、「企業内転勤」の在留資格をもって在留する外国人は、1

0章　はじめに

1章　外国人の採用実務

2章　外国人の入国（在留資格と在留カード）

3章　外国人の入社と届出

4章　新しい在留資格「特定技能」とは？

5章　外国人の労務管理

年、3年もしくは5年の在留資格が与えられます。財政基盤のしっかりした一部上場企業であると、最初から5年の在留期間が与えられることが多いようです。なお、必要があれば、在留期間の更新も認められます。

区分（所属機関）	カテゴリー1	① 日本の証券取引所に上場している企業 ② 保険業を営む相互会社 ③ 本邦または外国の国・地方公共団体 ④ 独立行政法人 ⑤ 特殊法人 ⑥ 特別認可法人 ⑦ 国・地方公共団体認可の公益法人（特例民法法人） ⑧ ①〜⑦に掲げるもののほか法人税法別表第1に掲げる公共法人
	カテゴリー2	前年分の職員の給与所得の源泉徴収票等の法定調書合計表により1,500万円以上の納付が証明された団体・個人
	カテゴリー3	前年分の職員の給与所得の源泉徴収票等の法定調書合計表が提出された団体・個人（カテゴリー2を除く）
	カテゴリー4	上のいずれにも該当しない団体・個人
共通		① 在留資格認定証明書交付申請書　1通 　※地方入国管理官署において、用紙を用意しています。また、法務省のホームページから取得することもできます。 ② 写真（縦4cm×横3cm）　1葉 　※ 申請前3ヶ月以内に正面から撮影された無帽、無背景で鮮明なもの。 　※ 写真の裏面に申請人の氏名を記載し、申請書の写真欄に貼付してください。 ③ 返信用封筒（定型封筒に宛先を明記の上, 簡易書留用の切手を貼付したもの）　1通

共通	④ 日本国内の事業所の概要を明らかにする資料として、案内書、登記事項証明書、直近の決算書（損益計算書、貸借対照表など）の写しをご用意ください。なお、新規事業の場合は、今後1年間の事業計画書を提出してください。また、地方公共団体等が提供した施設を事務所として使用し、外国企業の支店等開設準備に係わる活動であって「企業内転勤」の在留資格に該当する活動を行う場合には、地方公共団体等から提供された施設の概要等を明らかにする資料と今後1年間の事業計画書が必要となります。 ⑤ 外国の事業所における職務内容及び勤務時間を証明する文書として、外国の事業所からの在籍証明書等で、転勤前1年間従事した職務内容及び勤務時間を証する文書をご用意ください。 ⑥ 外国の事業所の概要を明らかにする資料として案内書（パンフレット）をご用意ください。 ⑦ 申請人（外国人）の日本での具体的な活動の内容、期間、地位及び報酬を証する文書として転勤命令書の写しか、受け入れ機関からの辞令の写しをご用意ください。また、これらに準ずる文書があれば提出してください。 ⑧ 申請人の経歴を証明する文書として、申請人の履歴書が必要となります。

なお、申請した後に、地方出入国在留管理局における審査の過程において、その他の資料を求められる場合もあります。

ホームページの必要性　　　　　one point advice

　近年、会社案内としてホームページを活用する企業が増えています。実際、東京地方出入国在留管理局の審査官の話では、申請の際、外国人を採用する企業がどのような企業かを確認するために、ホームページを開くことが多いといいます。企業活動の実態の把握や安定性・継続性を確認するために重要な情報源だからです。裏を返すと、ホームページすら持っていない企業だと、本当に事業を展開しているかどうか疑念を持たれ、審査上不利になるといえます。「経営・管理」の在留資格審査においても、ホームページは確実にチェックされると考えてください。

12 『興行』の在留資格を申請する

　興行の在留資格は、放送番組や映画などエンタテイメント産業やテレビ等のマスコミが関連してくる在留資格です。

　『興行』の該当する範囲は、演劇、演芸、音楽、スポーツ、演奏の興行に関連した活動ということになります。たとえば、ブロードウェイミュージカルの役者たちを招いて、日本で公演してもらう際にはこの資格が求められます。

　また、外国人の野球選手が、日本のプロ野球チームと契約し、活動をするというときにも、この資格が該当します。

　従来は、この資格を使い数多くのフィリピン人ダンサーが入国しましたが、法律上厳格に審査されるようになり、その数は激減しています。キャバレーのダンサーのような目的だと、この在留資格での来日は現在では不可能です。

　現在の基準では、外国人の芸能人が、外国の教育機関において活動に関連した科目を2年以上専攻しているか、2年以上外国における経験を有することが必要です。

　また、日本側の受け入れ機関（企業）が、外国人を招くのが原則になっています。

　さらに、招く側の企業にも基準が設けられています。

　これは、暴力団系のブローカーやいいかげんな企業とのかかわりを断つためのものです。例えば、興行契約で、月20万円以上の報酬の支払い義務や、外国人の興行に関連した業務に通算して3年以上の経験を有する経営者または管理者がいることが必要です。

　さらに、5名以上の職員を常勤の形で採用していることが求められます。

　経営者や職員が、過去に不法就労に関与していたり、売春防止法に違反していたり、暴力団に所属をしていたり、人身取引を行った経験があると、原

則として「興行」の在留資格の許可を得ることはできません。

　ただし、外国の民族料理を提供する飲食店を経営する企業との契約で、月額20万円以上の報酬を得て、その国の民族音楽に関する歌謡、舞踊または演奏に関する活動に従事するときは、招き入れた企業との契約は必要ありません。

　例えば、スペイン料理店で、フラメンコのダンスと音楽を披露して客を楽しませるようなケースが該当します。

　13㎡以上の舞台があることや、9㎡以上の出資者の控え室など細かい要件も存在します。飲食店を経営する企業であっても、暴力団関係者や過去に不法就労に経営者や職員が関与していた場合は、「興行」の在留資格は許可にならないものです。

　企業活動に関連した「興行」の在留資格では、次の4つの活動も該当します。

（1）商品又は事業の宣伝に係る活動

（2）放送番組又は映画の製作に係る活動

（3）商業用写真の撮影に係る活動

（4）商業用のレコード、ビデオテープ、その他記録媒体に録音又は録画を行う活動

　興行についてはケースバイケースで、提出書類も異なりますので、出入国在留管理庁のホームページでご確認ください。多くの場合、時間の制約があるので、事前に地方出入国在留管理局で相談することをお勧めします。

例：商業用写真の撮影にかかる活動の証明資料

・申請人の芸能活動上の実績を証する資料

・雇用契約書か出演承諾書の写し

・受入れ機関の登記事項証明書

・受入れ機関の決算書（損益計算書、貸借対照表）

・受入れ機関の従業員名簿、パンフレット

・滞在日程表、活動日程表、活動内容を知らせるチラシ等

0章　はじめに

1章　外国人の採用実務

2章　外国人の入国（在留資格と在留カード）

3章　外国人の入社と届出

4章　新しい在留資格「特定技能」とは？

5章　外国人の労務管理

13 『高度専門職』の在留資格を申請する

　「**高度専門職**」という在留資格は、新しい在留資格です。2012年5月より新設された在留資格で、高度人材ポイントの合計点数が70点以上になった外国人は、「**高度専門職1号**」に申し込むことができます。

　このポイント制とは、高度な能力や資質を有する外国人（＝高度人材外国人）の受け入れを促進するためにできた制度です。「学歴」「職歴」「年収」などの項目にポイントを設け、ポイントの合計が70点を超えると法務省出入国在留管理庁から高度人材外国人と認定され、出入国管理の上で優遇措置を受けることができます。政府が、今一番力を注いでいるのが、この高度人材外国人の招へいです。

　ポイント計算により、高度人材外国人と認定されれば、出入国管理上の優遇措置を受けることができます。その優遇措置の内容は、以下の通りです。

---

① 複合的な在留活動の許容
② 「5年」の在留期間の付与
③ 在留歴に係る永住許可要件の緩和
④ 配偶者の就労（特定活動でフルタイム就労可）
⑤ 親の帯同（一定の要件を満たす必要あり）
⑥ 家事使用人の帯同（一定の要件を満たす必要あり）
⑦ 入国・在留手続きの優先処理

　また、高度専門職は、以下の3つの活動類型に分けられます。

☞高度学術研究活動「高度専門職1号（イ）」

　日本の公私の機関との契約に基づいて行う研究、研究の指導又は教育をする活動

☞高度専門・技術活動「高度専門職1号（ロ）」

　日本の公私の機関との契約に基づいて行う自然科学又は人文科学の分野に属する知識又は技術を要する業務に従事する活動

☞高度経営・管理活動「高度専門職1号（ハ）」

　日本の公私の機関において事業の経営を行い、又は管理に従事する活動

　「**高度専門職2号**」については、「**高度専門職1号**」で3年以上活動を行っていた外国人が対象となります。親の帯同や家事使用人の帯同を希望する場合は、永住権より高度専門職2号の方に変更することになります。2017年4月からは「日本版グリーンカード」制度として、ポイント制80点以上の方はさらなる優遇が受けられ、日本の在留歴が1年で永住権の申請ができるようになりました。

　また、70点、75点のポイントを持つ外国人については、3年の在留歴があれば永住権の申請ができるようになりました。

　このように、高度専門職に該当する外国人の方たちを特別扱いするのが、日本の入管行政の基本方針となります。

1　高度専門職の在留資格とは？

　日本では、2012年5月7日より、高度人材に対するポイント制度（外国人ポイント制）がスタートしました。また、2013年12月24日からは、より利用しやすいよう制度が改正されました。そして2015年4月1日からは高度人材ポイント制度の評価方法をそのまま取り入れた高度専門職という在留資格が追加されました。また、2017年4月26日からは、ポイント加算される項目の見直しがありました。

0章　はじめに

1章　外国人の採用実務

2章　外国人の入国（在留資格と在留カード）

3章　外国人の入社と届出

4章　新しい在留資格「特定技能」とは？

5章　外国人の労務管理

高度人材の活動内容を高度学術研究活動：高度専門職第1号（イ）、高度専門・技術活動：高度専門職第1号（ロ）、高度経営・管理活動：高度専門職第1号（ハ）、の3つに分類し、それぞれの特性に応じて「学歴」「職歴」「年収」などの項目ごとにポイントを設け、ポイントの合計が、一定点数(70ポイント)に達した場合に、在留資格「特定活動」を付与し、出入国管理上の優遇措置を与えるもので、これが、さらに進化して、2015年4月1日より独立したビザ(在留資格)となったのが、高度専門職の在留資格です。背景としては、「日本の経済成長等に貢献することが期待されている高度な能力をもつ外国人が、円滑に日本に来られるようにする」という日本政府の戦略の流れから、制度が見直されました。

❷ 高度専門職1号および高度専門職2号とは？　»

　職務上の高い能力をもつ外国人の方が、取得可能な高度専門職ビザは、高度専門職第1号と高度専門職第2号に分かれます。申請する外国人が高度専門職ビザに該当すると、まず、高度専門職第1号が与えられます。そして、この在留資格を3年保持しつづけている外国人には、在留資格として高度専門職第2号が与えられることになります。高度専門職第2号に該当すると、同じ所属機関に勤めている限り、無期限でその場所で働くことができます(「高度専門職第2号は、「高度専門職第1号」のうち「同じ仕事を行い続けたい」希望がある外国人が申請し、許可されれば「在留期間が無制限」になる「高度専門職第2号」に移行できるというもの)。いわば、就業の最高ステイタスの在留資格というべき存在です。

　なお、高度専門職第1号で3年間日本において活動すると、永住権申請も可能となるように法改正されました（法務省入国管理局平成29年4月26日改訂「わが国への貢献」に関するガイドライン参照）。もし、あなたのポイントが80点以上の場合には永住許可申請に要する在留期間がわずか1年で可能となりました（永住許可に関するガイドライン－原則10年在留に関する特例を参照）。この制度は「日本版高度人材グリーンカード」と呼ばれています。

　2015年3月末までは、高度人材ポイント制度の評価70ポイントで、「特

定活動」の在留資格が与えられていました。そのため、すでに高度人材ポイント制で、70点に到達して「特定活動」の在留資格を所持している外国人は、「高度専門職1号」と同じとみなされますので、今後は3年間、特定活動の在留資格を持っていることが明らかになれば、「高度専門職2号」に在留資格変更申請をすることができます。

3 | **高度専門職ビザの優遇措置とは？**　»

　高度人材ポイント制で、70ポイント以上獲得できると、**「高度専門職第1号」**として、次の優遇を受けることができます。

> 1. 在留期間5年があたえられます。
> 2. 複数の在留活動をすることが許されます。
> 3. 配偶者もフルタイムで就労することができます。
> 4. 一定の年収条件等をクリアすると親を日本に招聘（しょうへい）し、一緒に生活できます。
> 5. 永住許可が3年で取得できます（80点以上であれば永住許可が1年で取得できます）。
> 6. 一定の年収条件等をクリアすると、家事使用人を海外から連れてくることができます。
> 7. 入国手続きや在留手続きを優先して処理してもらえます。

　高度専門職の評価方法は高度人材ポイント制度を利用します。

　高度専門職の評価には外国人高度人材ポイント評価制度を利用します。

　外国人高度人材ポイント評価制度は、2012年5月7日より日本が、国として好ましいと考える外国人（＝高度専門職の人材）を優遇しようとするためのビザの制度で、3つの柱からなります。1つめは、学術研究分野で、2つめは、高度専門・技術分野、そして3つめは、経営・管理分野です。

　外国人ポイント評価制度は、この3つのカテゴリーに対してそれぞれの具体的な評価方法が提示されており、それらの評価には評価加点（ポイント）

0章　はじめに

1章　外国人の採用実務

2章　外国人の入国（在留資格と在留カード）

3章　外国人の入社と届出

4章　新しい在留資格「特定技能」とは？

5章　外国人の労務管理

があり、これらの評価加点の合計が70点を超えた場合に申請するための条件が揃ったことなります。以下、具体的な申請方法について説明します。

学歴、職歴、年収、年齢（経営・管理分野を除く）で、それぞれポイントが用意されており、これらの合計が70ポイントに到達すると、日本国政府法務省が、高度専門職第1号と認め、5年の在留期限が与えられます。

評価するにあたっては、それぞれのポイントを証明する書類を用意しなければなりません。全てのポイント評価に対して証明する書類の写しを用意します。証明する書類がない場合、ポイント制の対象とはなりませんので、ご注意ください。審査官の理解を助けるために、専門的な賞や論文の場合、どのような意義や成果なのかを分かりやすく日本語で説明することが必要です(日本語の説明文の提出を求められる場合もあります)。

> 1. 学歴については、卒業証明書を用意します。
> 2. 職歴については、在職証明書や退職証明書、離職票などの証明資料を用意します。
> 3. 年齢については、パスポートで判断できますので、特に必要がありません。
> 4. 年収については、日本の市町村から発行される納税証明書と課税証明書を使います(日本の所得税法に基づく年収となります。給料の総額とは異なる場合があるので注意してください)。なお、年収は外国の企業からの「報酬」があれば、それを加えることも認められます。
> 5. 外国人にも住民票が交付されるので、その写しも用意します。

日本国法務省で用意している申請用紙に加え、事実を証明できる書類が一式揃ったところで、地方出入国在留管理局に自分で出向き、申請の手続きをします。

ポイントについての審査が終了すると、申請が可能になります。

　なお、高度人材ポイント対象者に与えられる在留資格は、「**高度専門職1号（イ）または高度専門職1号（ロ）または高度専門職1号（ハ）（英語だと** Highly Skilled Professional1(a),1(b),1(c)）」となります。新しい在留カードに、高度人材外国人に該当していることが、明記されます。

☞ 高度人材ポイント制のボーナスポイント

　高度人材ポイント制には、それぞれの分野にボーナスポイントが用意されていて、該当する場合には更にポイントが追加されます。当然このボーナスポイントについても該当し適用される場合には証明書が必要となります。合格点は各分野ともに合計70点以上が必要となります（なお、合計70点以上であっても犯罪歴や社会保険料の未払い、未納税等がある場合には対象とならない場合もあります）。

☞ 高度学術研究分野（高度専門職第1号（イ））のポイント評価

　それではここからはそれぞれの分野ごとに加点（ポイント）を説明します。
　なお、2013年12月の改定で、学術研究分野は最低年収の基準が撤廃されました。
　学術研究をする外国人の皆様を対象として、日本への貢献度の高い人材、今後、有益な影響を与えてくれそうな人材についてポイント制が用意されたものです。
　この分野の申請をする外国人は、それぞれの各項目ごとに証明書を用意する必要があります。

［学　歴］

　学歴は、博士号（専門職に係る学位を除く）取得者が、30ポイント、修士号（専門職に係る博士を含む）が、20ポイント付与されます。
　2017年4月26日の改訂により、今までは「高度学術研究分野」の学歴は修士以上が加算の対象となっていましたが、他の分野と同様に大学を卒業し、またはこれと同等以上の教育を受けた者についても加算の対象とします。ポイントは10ポイント与えられます。

0章　はじめに

1章　外国人の採用実務

2章　外国人の入国（在留資格と在留カード）

3章　外国人の入社と届出

4章　新しい在留資格「特定技能」とは？

5章　外国人の労務管理

［職　歴］

　職歴は、実務経験が 7 年以上ある場合、15 ポイント、5 年以上ある場合、10 ポイント、3 年以上ある場合、5 ポイントが与えられます。

［年　齢］

　年齢要件は、29 歳以下の場合、15 ポイント、34 歳以下の場合、10 ポイント、39 歳以下の場合、5 ポイントが与えられます。

［年　収］

　年収は 29 歳までなら 400 万円以上の年収があるときに 10 ポイントで、100 万円増えるごとに 5 ポイント増え、最高は、1,000 万円以上の 40 ポイント付与となります。30 歳〜 34 歳については、ポイントが与えられるのは、500 万円以上からで、500 万円で 15 ポイントとなり、100 万円増えるごとに 5 ポイント増え、最高は、1,000 万円以上の 40 ポイントとなります。35 歳〜 39 歳の場合は、600 万円以上年収があるときに、20 ポイントが与えられ、100 万円年収が増えるごとに 5 ポイントの増加となり、最高は、1,000 万円以上の 40 ポイントです。40 歳以上の場合は、800 万円以上の年収があるときのみポイントが与えられ、30 ポイントになります。900 万円以上になると 35 ポイント、1,000 万円以上になると 40 ポイントが与えられます。また、海外の機関からの報酬であっても外国人が海外から日本へ派遣されるケースではその報酬についても年収に加算することができるようになりました。年収には賞与・ボーナスも含まれます。

☞ 高度学術研究分野のボーナスポイント

　高度学術研究分野では以下の 10 のボーナスポイントが設定されています。

1. 研究実績に応じてポイントを評価するもので、1. 特許の発明が、1 件以上で 20 ポイント。
2. 日本に来る前に公的機関から助成金を提供を受けた研究に従事した実績が 3 件以上で 20 ポイント。
3. 申出人が責任著者である研究論文（学術論文データベースに登録が確認できるもの）が 3 本以上で 20 ポイント。

4. その他著名な賞の受賞歴等で、法務大臣が個別にポイント付与を判断した場合は、20 ポイントが与えられます。なお、補足説明として賞や論文の持つ意味や価値について説明をすることが求められます。

2014 年の改正で対象項目が 2 項目以上ある場合には一律 25 ポイントとなりました。

5. 日本国政府からイノベーションを促進するための支援措置を受けている機関における就労実績がある場合は 10 ポイントが与えられます。更に就労する機関が中小企業の場合には別途 10 ポイントが加算されます。

6. 試験研究費等比率が 3％を超える中小企業への就労だと 5 ポイント。

7. 職務に関する外国の資格保有については 5 ポイント。

8. 日本国内の大学で学位を取得した場合は 10 ポイントが与えられます。

9. 日本語能力試験 N1 取得またはこれと同等以上の能力を試験で認められている (ex.BJT ビジネス日本語能力テストの場合は 480 点以上の点数) 場合、または外国の大学で日本語を専攻して卒業した者には 15 ポイントが付与されます。日本語能力試験 N2 取得またはこれと同等以上の能力を試験で認められている (ex.BJT ビジネス日本語能力テストの場合は 400 点以上の点数) の場合は 10 ポイントが与えられます。

ただし、日本語能力試験 N1、N2 両方を取得している場合には日本語能力試験 N1 取得の 15 ポイントのみが付与されます。また日本語能力試験 N2 のみを取得している人は、"5. 日本国内の大学で学位を取得した " 場合の 10 ポイントを取得した人は対象とはなりません。

10. 各省が関与する成長分野の先端プロジェクトに従事する（ただし法務大臣が認める事業に限る）人材について特別加算として 10 ポイントが与えられます（ただし、本邦の高等教育機関における研修については、5. 日本国内の大学で学位を取得した場合の 10 ポイントを取得した人は対象とはなりません）。

☞ 高度専門・技術分野（高度専門職第 1 号（ロ））のポイント

IT 技術者や新素材の開発に従事するエンジニアなど、日本の成長に貢献する可能性の高い外国人のために項目に応じてポイントが用意されたものです。

0 章　はじめに

1 章　外国人の採用実務

2 章　外国人の入国（在留資格と在留カード）

3 章　外国人の入社と届出

4 章　新しい在留資格「特定技能」とは？

5 章　外国人の労務管理

［学 歴］

　学歴については、博士号が 30 ポイント、修士号が 20 ポイント、大学等の卒業の場合は、10 ポイントが付与されます。修士号を持っている人については、更に MBA あるいは MOT の資格を有する場合には 5 ポイントが加算となります。

［職 歴］

　職歴については、10 年以上が、20 ポイント、7 年以上が、15 ポイント、5 年以上が、10 ポイント、3 年以上が、5 ポイント付与されます (この職歴とは従事しようとしている職務に係る実務経験に限ります)。

［年 収］

　最低年収は 300 万円以上となります。

　29 歳までなら 400 万円以上の年収があるときに 10 ポイントで、100 万円増えるごとに 5 ポイント増え、最高は、1,000 万円以上の 40 ポイント付与となります。30 歳〜 34 歳については、ポイントが与えられるのは、500 万円以上で、15 ポイントとなり、100 万円増えるごとに 5 ポイント増え、最高は、1,000 万円以上の 40 ポイントとなります。35 歳〜 39 歳の場合は、600 万円以上年収があるときに、20 ポイントが与えられ、100 万円年収が増えるごとに 5 ポイントの増加となり、最高は、1,000 万円以上の 40 ポイントです。40 歳以上の場合は、800 円以上の年収があるときのみポイントが与えられ、30 ポイントになります。900 万円以上になると 35 ポイント、1,000 万円以上になると 40 ポイントが与えられます。

　また、海外の機関からの報酬であっても外国人が海外から日本へ派遣されるケースではその報酬についても年収に加算することができるようになりました。年収には賞与・ボーナスも含まれます。

［年 齢］

　年齢要件は、29 歳以下の場合、15 ポイント、34 歳以下の場合、10 ポイント、39 歳以下の場合、5 ポイントが与えられます。

☞ 高度専門・技術分野のボーナスポイント

　高度専門・技術分野では以下の8つのボーナスポイントが設定されています。

1. 研究実績に応じてポイントを評価するもので、
   ① 特許の発明が、1件以上で15ポイント。
   ② 日本に来る前に公的機関から助成金の提供を受けた研究に従事した実績が3件以上で15ポイント。
   ③ 申出人が責任著者である研究論文（学術論文データベースに登録が確認できるもの）が3本以上で15ポイント。
   ④ その他著名な賞の受賞歴等で、法務大臣が個別にポイント付与を判断した場合は15ポイントが与えられます。なお、補足説明として賞や論文の持つ意味や価値について説明をすることが求められます。

2. 職務に関連する日本国家資格の保有1つにつき5ポイント、2つの資格までカウントするので、最高10ポイントが付与されます。

3. 日本国政府からイノベーションを促進するための支援措置を受けている機関における就労実績がある場合は10ポイントが付与されます。更にその機関が中小企業の場合には別途10ポイントが加算されます。

4. 試験研究費等比率が3%を超える中小企業への就労だと5ポイント。

5. 職務に関する外国の資格保有について5ポイント。

6. 日本国内の大学で学位を取得した場合は10ポイントが与えられます。

7. 日本語能力試験N1取得またはこれと同等以上の能力を試験で認められている(ex.BJTビジネス日本語能力テストの場合は480点以上の点数)場合、または外国の大学で日本語を専攻して卒業した者には15ポイントが付与されます。日本語能力試験N2取得またはこれと同等以上の能力を試験で認められている(ex.BJTビジネス日本語能力テストの場合は400点以上の点数)の場合は10ポイントが与えられます。

　　ただし、日本語能力試験N1、N2両方を取得している場合には日本語能力試験N1取得の15ポイントのみが付与されます。また日本語能力試験N2のみを取得している人は、"6.日本国内の大学で学位を取得した"

0章 はじめに

1章 外国人の採用実務

2章 外国人の入国（在留資格と在留カード）

3章 外国人の入社と届出

4章 新しい在留資格「特定技能」とは？

5章 外国人の労務管理

場合の 10 ポイントを取得した人は対象とはなりません。

8. 各省が関与する成長分野の先端プロジェクトに従事する（ただし法務大臣が認める事業に限る）人材について特別加算として 10 ポイントが与えられます（ただし、本邦の高等教育機関における研修については、6. 日本国内の大学で学位を取得した場合の 10 ポイントを取得した人は対象とはなりません）。

☞ 高度経営管理分野（高度専門職第 1 号（ハ））のポイント

日本で、企業経営に関与する場合、新しい優遇のためのポイントが用意されています。とくに、この分野では、高額の納税をしている経営者が、日本で永住権を取り易いようにする配慮がされています。

［学 歴］

学歴は、博士号または修士号取得の場合、20 ポイントが付与されます。経営管理に対する専門学位（MBA あるいは MOT の資格）を有する場合には、別途 5 ポイントが加算となります。大学を卒業し、またはこれと同等以上の教育を受けている場合（博士号または修士号取得者を除く）には 10 ポイントが付与されます。複数の分野において、博士号、修士号または専門職位を有している場合には 5 ポイントが付与されます。

［職 歴］

職歴については、10 年以上が 25 ポイント、7 年以上が、20 ポイント、5 年以上が 15 ポイント、3 年以上が 10 ポイントとなります。

［年 齢］

経営管理分野では年齢についてはポイントの付加の対象となりません。

［年 収］

最低年収が 300 万円以上となります。

高額所得者に関しては、大きなポイントの付与があり、年収 3,000 万円で 50 ポイント。2,500 万円以上で 40 ポイント、2,000 万以上で、30 ポイント、

1,500万以上で、20ポイント、1,000万円以上で、10ポイントとなります。

また、海外の機関からの報酬であっても外国人が海外から日本へ派遣されるケースではその報酬についても年収に加算することができるようになりました。年収には賞与・ボーナスも含まれます。

この年収ラインの基準に到達していない場合、外国人の高度人材としての申請はできないということになります。このことは納税に関する貢献度の低い人材は、日本にとって優遇すべき人材ではないということになり、とくに、自分でベンチャー企業を創業し、年収が低い場合であると、他の要件を満たしていてもこの優遇ポイント制度の対象外になりますのでご注意ください。

2017年4月より自己の経営する事業に対して、高額な投資（1億円以上の投資）を行っている場合には特別加算で5ポイントが与えられます。

現状において会社が赤字経営のケースでは点数に関係なく、在留状況が良くないという理由で経営管理分野の高度専門職に能力的に認められないことがあります。

☞経営管理分野のボーナス

経営管理分野にもボーナスポイントは用意されています。経営管理分野の場合、ご自分の経営する企業が、どのような業種で、どのような業務を具体的に展開しているのかを、会社案内等の資料を使い、日本語で説明する必要があります。経営する企業が、今後どのような形で日本社会に貢献できるのかを経営の安定性、継続性の観点から示すことで、高度人材と認められる可能性が高くなります。

1. 代表取締役、代表執行役ポストでの受け入れ10点、取締役、執行役ポストでの受け入れは、5点となります。

2. 日本国政府からイノベーションを促進するための支援措置を受けている機関における就労実績がある場合は10ポイント。更に就労する機関が中小企業の場合には別途10ポイントが加算されます。

3. 試験研究等比率が3％を超える中小企業への就労の場合には5ポイント。

4. 職務に関連する外国の資格等が有る場合には5ポイント。

5. 日本の大学等を卒業し学位を取得している場合は、10 ポイントが付与されます。

6. 日本語能力試験 N1 取得またはこれと同等以上の能力を試験で認められている (ex.BJT ビジネス日本語能力テストの場合は 480 点以上の点数) 場合、または外国の大学で日本語を専攻して卒業した者には 15 ポイントが付与されます。日本語能力試験 N2 取得またはこれと同等以上の能力を試験で認められている (ex.BJT ビジネス日本語能力テストの場合は 400 点以上の点数) の場合は 10 ポイントが与えられます。

   ただし、日本語能力試験 N1、N2 両方を取得している場合には日本語能力試験 N1 取得の 15 ポイントのみが付与されます。また日本語能力試験 N2 のみを取得している人は、"5. 日本国内の大学で学位を取得した " 場合の 10 ポイントを取得した人は対象とはなりません。

7. 各省が関与する成長分野の先端プロジェクトに従事する（ただし法務大臣が認める事業に限る）人材について特別加算として 10 ポイントが与えられます（ただし、本邦の高等教育機関における研修については、5. 日本国内の大学で学位を取得した場合の 10 ポイントを取得した人は対象とはなりません）。

8. 経営する事業に 1 億円以上の投資を行っている場合には 5 ポイントが与えられます。

☞高度専門職 1 号のボーナス

2017 年 4 月 26 日にポイント加算措置の見直しがあり、高度専門職 1 号のボーナス加算に対して以下の追加・改訂がありました。（参照資料：出入国管理及び難民認定法別表第一の二の表の高度専門職の項の下欄の基準を定める省令第一条第一項各号の表の特別加算の項の規程に基づき法務大臣が定める法律の規定等を定める件（平成二十六年法務省告示第五百七十八号）（注意：平成 28 年 7 月 31 日の法務省告示までの資料です。法務省告示により内容が変わる可能性があります））

それぞれのポイントについてはポイント計算表に記載されています。

1. トップ大学の卒業者について、ボーナスポイントの対象としボーナスポイントは 10 ポイント（ポイント計算表のボーナス 11 に該当）。以下の指標のうち二以上において上位 300 位までに掲げられている大学の卒業者（当該大学の大学院の修了者も含む）。

    ① クアクアレリ・シモンズ社（英国）が公表する世界大学ランキング（QS・ワールド・ユニバーシティ・ランキングス）

    ② タイムズ社（英国）が発行するタイムズ・ハイアー・エディケーション誌において公表される世界大学ランキング（THE・ワールド・ユニバーシティ・ランキングス）

    ③ 上海交通大学（中国）が公表する世界大学学術ランキング（アカデミック・ランキング・オブ・ワールド・ユニバーシティズ）（日本の大学はいずれか1つのランキングに入っていればボーナス対象）

2. 文部科学省が実施するスーパーグローバル大学創成支援事業（トップ型）と（グローバル型）において補助金の交付を受けている大学

3. 外務省が実施するイノベーティブ・アジア事業において、パートナー校として指定を受けている大学

4. 成長分野（IT 等）において各省庁が慣用する先端プロジェクトに従事する人材（平二十六年法務省告示第五百七十八号別表 2 参照）（注意：平成 28 年 7 月 31 日の法務省告示までの資料です。法務省告示により内容が変わる可能性があります）について、ボーナスポイントの対象としボーナスポイントは 10 ポイント（ポイント計算表のボーナス 10 に該当）

5. ODA を活用した人材育成事業の修了者に対するボーナスポイントを対象としポイントは 5 ポイント（ポイント計算表のボーナス 12 に該当）

参照サイト

法務省：高度人材ポイント制による出入国管理上の優遇制度

　http://www.immi-moj.go.jp/newimmiact_3/index.html

法務省：高度人材ポイント制による出入国管理上の優遇制度リーフレット

　http://www.immi-moj.go.jp/newimmiact_3/pdf/h29_06_leaflet.pdf

---

0章　はじめに

1章　外国人の採用実務

2章　外国人の入国（在留資格と在留カード）

3章　外国人の入社と届出

4章　新しい在留資格「特定技能」とは？

5章　外国人の労務管理

　高度専門職在留資格申請にあたって、高度人材に対するポイント制による優遇制度に関する審査を、日本国政府法務省に円滑に進めてもらうため、日本語で申請理由書を提出するようにします。実際、この理由書の中で、何を根拠としてご自分が合計70点以上のポイントに該当するかを、事実証明という形で、分かりやすく説明していくことが重要です。更に2017年4月からのポイント加算措置の見直しについて理解したうえで、証明資料の用意が必要です。

　なお、注意が必要なのは高度人材外国人の制度を使って永住申請をする場合、それまで日本に在住していた期間のうち高度人材に該当しない期間は認められません。あくまでも高度人材外国人に認定されてから3年（ボーナスポイントが80点以上の場合には1年）経過してから申請となります（高度専門職の申請はご本人のみが対象となりこの期間で申請することができます：同居している対象者の家族などを同じ期間（1年とか3年）で申請をすることはできません）。

　高度専門職のビザは申請時と同じ企業に勤めている間のみ有効です。なので、高度専門職ビザを保有する外国人が別の企業に転職すると、変更申請をして、再度「高度専門職」の在留資格を取得しなければなりません（2015年3月末日までは「特定活動」というビザでした。「特定活動」の在留資格の保有者についても、別の企業に転職した場合には変更申請をして、再度「高度専門職」ビザを取得する必要があります）。この点は一般のビザと取り扱いが異なるので注意が必要です。

　高度人材に対するポイント制による優遇制度の利用の場合には日本国政府法務省から認められる必要があるので、70点を安定的に超えられる証明書の提出を含め、地方出入国在留管理局から求められる日本語で記載された書類を準備する必要があります。

第3章 外国人の入社と届出

| 0章 はじめに | 1章 外国人の採用実務 | 2章 外国人の入国（在留資格と在留カード） | **3章 外国人の入社と届出** | 4章 「新しい在留資格」とは？（特定技能） | 5章 外国人の労務管理 | 117 |

《ポイント計算表》

項目	高度学術研究分野	高度専門・技術分野	高度経営・管理分野
学歴	博士号（専門職に係る学位を除く。）取得者 30／修士号（専門職に係る学位を含む。）取得者 20／大学を卒業し又はこれと同等以上の教育を受けた者（博士号又は修士号取得者を除く。）10／複数の分野において、博士号、修士号又は専門職学位を有している者 5	博士号（専門職に係る学位を除く。）取得者 30／修士号（専門職に係る学位を含む。）取得者 20／大学を卒業し又はこれと同等以上の教育を受けた者（博士号又は修士号取得者を除く。）10／複数の分野において、博士号、修士号又は専門職学位を有している者 5	博士号又は修士号取得者（注7）20／大学を卒業し又はこれと同等以上の教育を受けた者（博士号又は修士号取得者を除く。）10／複数の分野において、博士号、修士号又は専門職学位を有している者 5
職歴（実務経験）（注1）	10年～ 20／7年～ 15／5年～ 10／3年～ 5	10年～ 20／7年～ 15／5年～ 10／3年～ 5	10年～ 25／7年～ 20／5年～ 15／3年～ 10
年収（注2）	年齢区分に応じ、ポイントが付与される年収の下限を異なるものとする。詳細は②参照	年齢区分に応じ、ポイントが付与される年収の下限を異なるものとする。詳細は②参照	3000万円～ 50／2500万円～ 40／2000万円～ 30／1500万円～ 20／1000万円～ 10
年齢	～29歳 15／～34歳 10／～39歳 5	～29歳 15／～34歳 10／～39歳 5	
ボーナス①【研究実績】	詳細は③参照	詳細は③参照	詳細は③参照
ボーナス②【地位】			代表取締役、代表執行役 10／取締役、執行役 5
ボーナス③	イノベーションを促進するための支援措置（法務大臣が告示で定めるもの）を受けている機関における就労 10	イノベーションを促進するための支援措置（法務大臣が告示で定めるもの）を受けている機関における就労 10	イノベーションを促進するための支援措置（法務大臣が告示で定めるもの）を受けている機関における就労 10
ボーナス④	試験研究費等比率が3％超の中小企業における就労 5	試験研究費等比率が3％超の中小企業における就労 5	試験研究費等比率が3％超の中小企業における就労 5
ボーナス⑤	職務に関連する外国の資格等 5	職務に関連する外国の資格等 5	職務に関連する外国の資格等 5
ボーナス⑥	本邦の高等教育機関において学位を取得 10	本邦の高等教育機関において学位を取得 10	本邦の高等教育機関において学位を取得 10
ボーナス⑦	日本語能力試験N1取得者（注4）又は外国の大学において日本語を専攻して卒業した者 15	日本語能力試験N1取得者（注4）又は外国の大学において日本語を専攻して卒業した者 15	日本語能力試験N1取得者（注4）又は外国の大学において日本語を専攻して卒業した者 15
ボーナス⑧	日本語能力試験N2取得者（注5）（ボーナス⑦又は⑧の8のポイントを獲得した者を除く。）10	日本語能力試験N2取得者（注5）（ボーナス⑦又は⑧の8のポイントを獲得した者を除く。）10	日本語能力試験N2取得者（注5）（ボーナス⑦又は⑧の8のポイントを獲得した者を除く。）10
ボーナス⑨	成長分野における先端的事業に従事する者（法務大臣が認める事業に限る。）10	成長分野における先端的事業に従事する者（法務大臣が認める事業に限る。）10	成長分野における先端的事業に従事する者（法務大臣が認める事業に限る。）10
ボーナス⑩	法務大臣が告示で定める大学を卒業した者 10	法務大臣が告示で定める大学を卒業した者 10	法務大臣が告示で定める大学を卒業した者 10
ボーナス⑪	法務大臣が告示で定める研修を修了した者（注6）5	法務大臣が告示で定める研修を修了した者（注6）5	法務大臣が告示で定める研修を修了した者（注6）5
ボーナス⑫			経営する事業に1億円以上の投資を行っている者 5
合格点	70	70	70

①最低年収基準

高度専門・技術分野及び高度経営・管理分野については、年収300万円以上であることが必要

②年収配点表

	～29歳	～34歳	～39歳	40歳～
1000万円	40	40	40	40
900万円	35	35	35	35
800万円	30	30	30	30
700万円	25	25	25	－
600万円	20	20	20	－
500万円	15	15	－	－
400万円	10	－	－	－

③研究実績

	高度学術研究分野	高度専門・技術分野
特許の発明 1件～	20	15
入国前に公的機関からグラントを受けた研究に従事した実績 3件～	20	15
研究論文の実績については、我が国の国の機関において利用されている学術論文データベースに登録されている学術雑誌に掲載されている論文が3本～	20	15

※ 上記の項目以外で、上記項目における研究実績と同等の研究実績があると申請人が申し出た場合は（著名な賞の受賞歴等）、関係行政機関の長の意見を聴いた上で法務省が個別に評価の判断

※ 高度学術研究分野については、2つ以上に該当する場合は25点

（注1）従事しようとする業務に係る実務経験に限る。
（注2）※1 主たる受入れ機関から受ける報酬の年額
※3 海外の機関からの転勤の場合は当該機関から受ける報酬の年額も算入
※4 就労する機関が中小企業である場合には、別途10点の加点
※4 同等以上の日本語能力を試験（例えば、BJTビジネス日本語能力テストにおける480点以上の得点）により認められている者
※5 同等以上の日本語能力を試験（例えば、BJTビジネス日本語能力テストにおける400点以上の得点）により認められている者
（注7）本邦の高等教育機関における修士号については、ボーナス⑦のポイントから受ける。MBA、MOTを有している場合には、別途5点の加点

COLUMN 外国人が困ったら「外国人相談」窓口へ

　外国人が困ったとき、外国語による相談を受け付けている公的機関が数多くあります。東京都であれば、国の相談窓口、東京都の相談窓口、市区の相談窓口などです。相談窓口によって英語、中国語、ハングルなどさまざまな言語に対応してくれます。東京都では、東京都外国人相談センター都民の声課「外国人相談」（都庁第1庁舎3階）などで受け付けています。

【相談できる内容】

> ・日常生活に関わる問題や緊急時の問い合わせ先
>
> ・日本の習慣・文化・社会制度に関すること
>
> ・交通事故に関する問題
>
> ・家族や子どもに関する問題など

電話に加え、事前予約で面談による相談も受け付けています。

【場所】

〒163-8001 東京都新宿区西新宿2-8-1 都庁第一本庁舎3階南側「都民の声課　外国人相談」

　Tel　03-5320-7744（英語：月曜日～金曜日）

　Tel　03-5320-7766（中国：月曜日～金曜日）

　TEL　03-5352-7700（韓国語：水曜日）

法テラス多言語情報提供

　対応言語は英語・中国語・韓国語・スペイン語・ポルトガル語・ベトナム語・タガログ語・ネパール語・タイ語の9ヶ国語です。

　Tel　0570-078377（月曜日～金曜日）9：00～17：00

　通訳業者が法テラス職員につなぎ、通訳業者と法テラス職員の3者間で話すことができます。

第4章
新しい在留資格
「特定技能」とは？

The guide for hiring
foreign workers from scratch

01 「特定産業分野」と「特定技能」

>> Chapter 4　新しい在留資格「特定技能」とは？

　入管法改正により 2019 年 4 月から新しく創設された「**特定技能**」という在留資格は、すべての分野で単純労働が開放されたものではありません。

　日本国内で深刻化する人手不足のため、生産性向上や国内人材の確保のための取組みを行っても、十分な労働力が確保できないと政府が判断した 14 の分野の産業が「**特定産業分野**」と呼ばれ、その対象となる産業において就労する外国人が「特定技能」という在留資格の対象になります。

　「特定技能」は、「**特定技能 1 号**」と「**特定技能 2 号**」に分かれますが、制度開始の 2019 年 4 月段階では、「特定技能 2 号」に該当する職種は、「建設」と「造船・舶用工業」のみとなります。今後の状況を判断し、2 年後もしくは 4 年後にその他の業種にも「特定技能 2 号」が設けられる可能性があります。

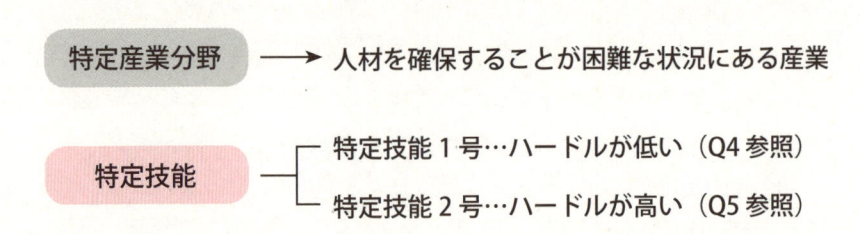

特定産業分野　⟶　人材を確保することが困難な状況にある産業

特定技能
　┬ 特定技能 1 号…ハードルが低い（Q4 参照）
　└ 特定技能 2 号…ハードルが高い（Q5 参照）

Q1

新しく設けられた「特定技能」の在留資格取得のためのポイントは何ですか？

Answer 💬

特定技能1号のポイント

- **在留期間**：1年、6ヶ月又は4ヶ月ごとの更新で、通算で上限5年までとなります。
- **技能水準**：特定産業ごとに定められた試験で確認（技能実習2号を修了した外国人は試験が免除）され、その合格者が対象です。特定技能1号では、特段の育成・訓練を受けることなく、直ちに一定程度の業務を遂行できる水準が求められます。
- **日本語能力水準**：生活や業務に必要な日本語能力を試験で確認（技能実習2号を修了した外国人は試験が免除）され、N4レベルの合格者が対象です。ある程度、日本語の日常会話ができ、生活に支障がない程度の能力を有していることが必要です。また、特定産業分野ごとに業務上必要な日本語能力を求められます。
- **家族の帯同**：基本的に認められません。ただし、短期滞在で家族が日本に来ることは認められます。
- **支　　援**：受入れ機関又は登録支援機関による支援の対象となります。
- **転　　職**：在留資格変更申請をすれば同じ業務内容で他社に転職可能です。

　外国人が「特定技能1号」に必要な試験に合格した後に、雇用主となる特定技能所属機関と特定技能雇用契約を締結することが一般的な流れとなります。

　出入国在留管理庁は、各試験の合格前に内定を外国人労働者に出すことは認めていますが、必要な各試験に合格しなければ、受入れは認められません。

　2019年4月から「外食業」、「宿泊業」などで実際に試験が実施され、技

0章　はじめに

1章　外国人の採用実務

2章　外国人の入国（在留資格と在留ワード）

3章　外国人の入社と届出

4章　新しい在留資格「特定技能」とは？

5章　外国人の労務管理

能水準レベルが十分と判断された外国人が合格しています。合格率は75％前後と高く基礎的な内容の理解があれば合格できる内容となっています。

特定技能2号のポイント

・**在留期間**：3年、1年又は6ヶ月ごとの更新になります。

・**技能水準**：特定産業ごとの試験で確認する必要があります。

・**日本語能力水準**：試験等での確認は必要ありません。

・**家族の帯同**：要件を満たせば可能です（配偶者、子）。

・**支　援**：受入れ機関又は登録支援機関による支援の対象外となります。

※制度開始後しばらくは、建設と造船舶用工業のみが、特定技能2号の対象となります。

比　較　項　目	特定技能1号	特定技能2号
在 留 可 能 期 間	通算5年までに限られる	上限なし（更新）
家 族 の 帯 同	不可	可
必要とされる技　　　能	初歩程度の知識を持つことを特定技能評価試験で証明	熟練した技能を持つことを特定技能評価試験で証明
日 本 語 能 力	日常会話程度の証明が必要（N4レベル程度）	追加の試験はなし
対 象 業 種	特定産業14業種	建設業、造船・舶用工業
学 歴 要 件	なし	なし

02 受入れ機関に関するQ&A

>> Chapter 4　新しい在留資格「特定技能」とは？

Q1

受入れ機関（特定技能所属機関）が外国人を受け入れるための基準は何ですか？

Answer

① 外国人と結ぶ雇用契約が適切なものであることが必要です。ポイントとしては、外国人労働者の報酬額が、日本人と同等以上であることが求められています。

② 受入れ機関が適切に運営され、出入国管理法や労働法令の違反がないことが必要です。

③ 外国人を支援する体制があることが必要です。ポイントは、外国人が理解できる言語で支援しなくてはならないことです。

④ 1号特定技能外国人を受け入れる特定技能所属機関は、該当する外国人が「特定技能1号」の活動を安定的かつ円滑に行うことができるようにするための職業生活上、日常生活上または社会生活上の支援の実施に関する計画（1号特定技能外国人支援計画）を作成しなければなりません。

⑤外国人を支援する計画が、適切に行われていることが必要です。具体的には、事前オリエンテーションと生活オリエンテーションを含みます。生活オリエンテーションは、最低でも8時間行う必要があります。事前オリエンテーションは、最低3時間以上かけて行わなければなりません。**外国人の理解できる言語での実施**が求められています。

0章　はじめに

1章　外国人の採用実務

2章　外国人の入国（在留資格と在留カード）

3章　外国人の入社と届出

4章　新しい在留資格「特定技能」とは？

5章　外国人の労務管理

受入れ機関の義務とされていることは何ですか？

Answer 💬

① 1号特定技能外国人を受け入れる特定技能所属機関は、外国人が「特定技能1号」の活動を安定的かつ円滑に行うことができるようにするため、1号特定支援計画を作成しなければなりません。特定支援計画の内容として、外国人が「特定技能」の在留資格に基づく活動を安定的かつ円滑に行うことができるよう職業生活上、日常生活上、社会生活上の支援を実施する義務があります。

② 外国人と結んだ雇用契約を確実に履行していることが求められます。報酬を適切に支払っていることがポイントです。

③ 外国人への支援を適切に実施する体制がない場合、支援については、出入国在留管理庁から認められた**登録支援機関**に委託することもできます。

④ 出入国在留管理庁への各種届出を確実に行うことが求められています。

受入れ機関がこれらの義務を怠ると、外国人労働者を受け入れられなくなります。さらに、出入国在留管理庁から指導・改善命令を受けることになります。

Q3

海外に住む外国人と受入れ機関が在留資格認定証明書を得るための手順とは？

Answer

① 国外試験（技能・日本語）に合格した外国人又は帰国した技能実習2号の修了者を見つけます（基準を満たす外国人）。

② 特定技能雇用契約を締結します。

③ **1号特定技能外国人支援計画を策定**します。この計画には、職業生活上の支援に加え日常生活や社会生活の支援をどのように行うのかも記載します。例えば入国前の情報提供、住宅の確保等の情報を明記します。

また、支援責任者を明らかにする必要があります。

なお、この1号特定技能外国人支援計画の実施については、**登録支援機関**に委託することが可能です。

④ 地方出入国在留管理局へ、在留資格認定証明書交付申請をします。

主な添付資料

- 受入れ機関の概要書
- 雇用条件通知書
- 特定技能雇用契約書および報酬に関する説明書
- 1号特定技能外国人支援計画書
- 日本語能力を証する資料
- 外国人の技能を証する資料
- 登記事項証明書
- 役員の住民票の写し
- 健康診断個人票
- 事前ガイダンスの確認書
- 支払費用の同意書、費用明細書、および徴収費用の説明書
- 特定技能外国人の履歴書
- 決算文書（直近2事業年度）
- 労働保険、社会保険に入っている証明（労働保険番号や社会保険コードが証明できる文書）
- 法人税の納税証明書
- 特定技能外国人の健康診断書（日本で一般的に行われている健康診断と同程度の内容）

Q4

日本国内に住む外国人を受入れ機関が採用して、「特定技能1号」を得るためにはどのような手順が必要ですか？

Answer

① 国内試験（技能・日本語）に合格した外国人を見つけます。技能試験については、特定産業分野の業務区分に対応する試験となります。日本語能力の水準として「国際交流基金日本語基礎テスト」か日本語能力試験N4以上の結果が求められます。

② 特定技能雇用契約書を受入れ機関（会社）と雇用される外国人との間で結びます。

③ **1号特定技能外国人支援計画**を策定します。受入れ機関のみで1号特定技能外国人支援の全部を実施することが困難である場合は、**登録支援機関**に全部委託することも可能です。

④ 在留資格変更許可申請書を地方出入国在留管理局に提出します。

主な添付書類

- 外国人労働者支援計画書
- 受入れ機関の概要書
- 特定技能雇用契約書
- 1号特定技能外国人支援計画（http://www.moj.go.jp/content/001289243.pdf）
- 日本語能力を証する資料
- 外国人の技能を証する資料
- 登記事項証明書
- 役員の住民票の写し
- 決算文書（直近2事業年度）
- 労働保険、社会保険に入っている証明
- 法人税の納税証明書
- 特定技能外国人の健康診断書（http://www.moj.go.jp/content/001288046.pdf）

⑤ 在留資格「特定技能1号」へ在留資格が変更され、外国人が特定産業分野において働くことができます。

Q5

「特定技能1号」で働くことのできる外国人のレベルとは？

Answer

1号特定技能外国人については、相当期間の実務経験等を有する技能であって、特段の育成訓練を受けることなく直ちに一定程度の業務を遂行できる水準の技能が求められています。

法務省が示した「特定技能」に係る試験の方針では、「初級技能者のための試験である3級相当の技能検定等の合格水準と同等の水準を設定する。」ことが明示されています。

例えば、製造業関係や建設業関係では、中央職業能力開発協会実施による技能検定3級の過去問やテキストブックが入手できるので、これを参考に勉強すれば合格基準点に達することが可能となります。

特定産業が14分野に分かれているため、分野所管行政機関の判断によって技能試験は学科試験又は実技試験のいずれかのみによって技能水準を確認することや実技試験を一定期間の実務経験で代替することも可能となっています。ただし、実務経験のみによって技能水準を確認する方式は認められていません。その一方、学科試験又は実技試験のいずれかを実施しない場合は、その理由（実施しないものに係る代替措置（相当時間の研修など）及び実施する措置によって習得できる能力の内容）について、試験実施要領に明記しなければなりません。

試験の情報は下記のウェブサイトから入手できます。

http://www.moj.go.jp/nyuukokukanri/kouhou/nyuukokukanri01_00135.html

0章　はじめに

1章　外国人の採用実務

2章　外国人の入国（在留資格と在留カード）

3章　外国人の入社と届出

4章　新しい在留資格「特定技能」とは？

5章　外国人の労務管理

Q6

国際交流基金日本語基礎テストのレベルにおいて、
法務省が明示した合格レベルは以下の３点ですか？

Answer

① ごく基本的な個人的情報や家族情報、買い物、近所、仕事など直接的関係がある領域に関するよく使われる文や表現が理解できる。

② 簡単で日常的な範囲なら身近で日常の事柄について情報交換に応ずることができる。

③ 自分の背景や身の回りの状況や直接的な必要性のある領域の事柄を簡単な言葉で説明できる。なお、新しく創設される日本語能力試験については、読解試験とリスニング試験によって合否の決定がされます。

さらに、分野所管行政機関は14ある特定産業分野のうち業務上必要な日本語能力水準を整理して別途違うタイプの試験を行うこともあります。今のところ専門的用語の多い「介護」の分野で単独の日本語能力試験が行われることになりました。介護日本語評価試験という名称ですでにフィリピンで実施されています。一般の日本語試験より合格率は低く、4割を切っています。

試験言語：	試験実施国（ベトナム、フィリピン、カンボジア、中国、インドネシア、タイ、ミャンマー、ネパール、モンゴル）の現地語。
実施方法：	コンピューター・ベースト・テスティング方式で行われます。
試験科目：	「文字と語彙」「会話と表現」「聴解」および「読解」の4セクションで構成されます。

03 新しく外国人を雇用する事業主が知るべきポイント

>> Chapter 4　新しい在留資格「特定技能」とは？

Q 1

2019年4月の入管法改正により「特定技能」という名称の在留資格が登場した理由は何ですか？

Answer

　外国人労働者の受け入れを拡大する改正出入国管理法が2019年4月1日より施行されました。この法改正は、日本の人手不足が深刻化し、産業界から外国人労働者の本格的受け入れを求める声が強かったためです。今まで日本では、就労の在留資格は、「技術・人文知識・国際業務」またはよりグレードの高い「高度専門職」が中心で、単純労働系は、「技能実習生」という名称で、3年から5年を限度にしか受け入れられませんでした。あくまでも技術の海外移転という名目で、受け入れの対象となる国も15カ国に限られていました。

　この制度では、対応が難しいということで、本格的な就労の在留資格として「特定技能」という名称の単純労働を可能にする在留資格が新しく設けられることになりました。

外国人の受入れ予想

2019年 **33,000人～47,000人**	→	2019年～2023年 **26万人～34万人**

2019 年〜 2023 年には約 130 〜 135 万人の人手不足のため、外国人の受入れ予想は 26 万人〜 34 万人となっています。

　政府は大きな事情変更がない限りこの数字を超えた受け入れは行わないと公表しています。2 年後の数値見直しで、大幅な改定と他の産業分野の開放が進む可能性があります。

　将来的には、少子高齢化の進展に起因し、外国人労働者 1,000 万人時代の到来は確実視されています。

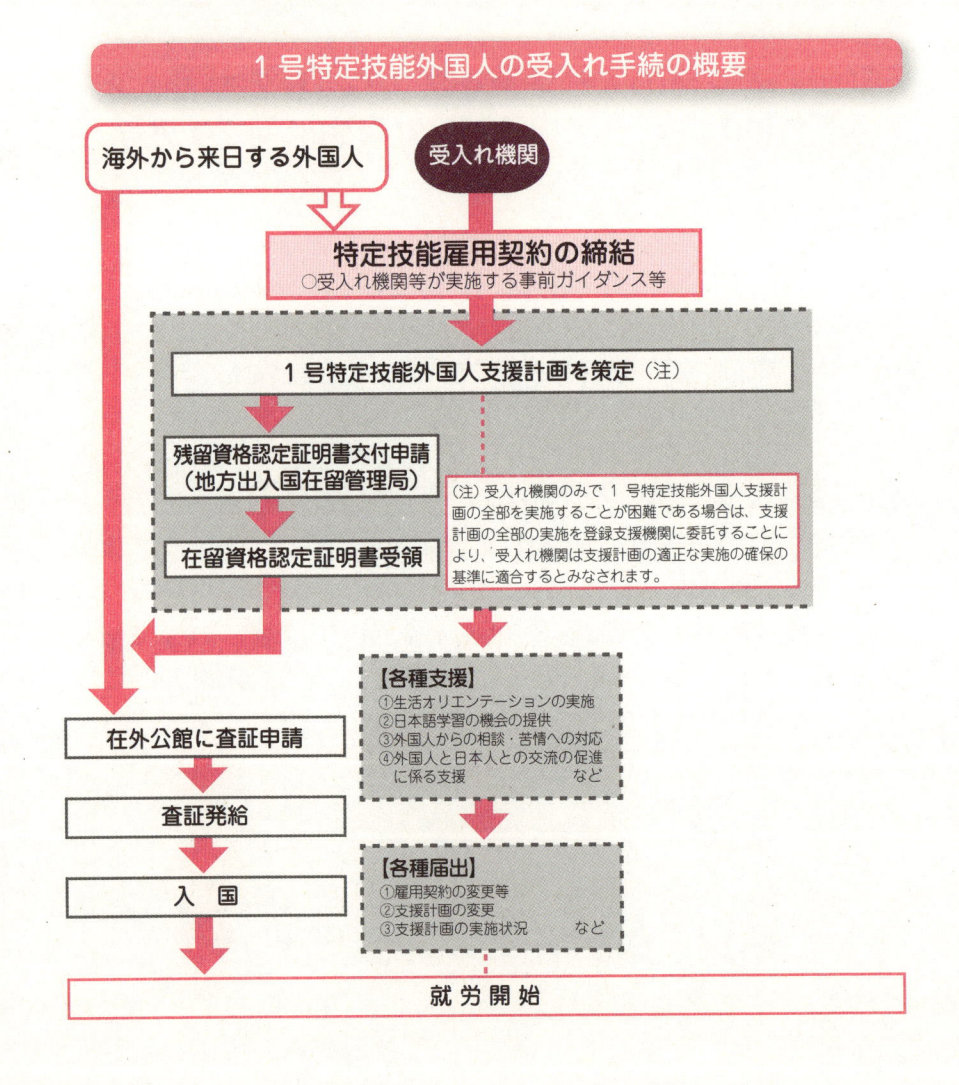

Q2

2019年4月の改正入管法の柱となる「特定技能」とはどのような内容の在留資格ですか？

Answer 💬

　改正入管法の柱は、新たな在留資格として「特定技能1号」と「特定技能2号」を創設し、14の特定産業分野で外国人が単純労働を含めて就労可能になりました。

　新制度により2019年4月1日より法務省入国管理局は、「**出入国在留管理庁**」と名称が変更されました。

　特定技能の在留資格で外国人が従事できる14の産業のことを特定産業といいます。特定産業として認められていない産業については、現状単純労働を含む業務に従事させることのできる在留資格の対象外ということになります。

0章　はじめに

1章　外国人の採用実務

2章　外国人の入国（在留資格と在留カード）

3章　外国人の入社と届出

4章　新しい在留資格「特定技能」とは？

5章　外国人の労務管理

Q3

今回政府が受け入れを決めた「特定技能」の対象となる特定産業とはどの業種ですか？

Answer

1 農業

2 漁業

3 飲食料品製造業

4 外食

5 介護

6 ビルクリーニング

7 素形材産業

8 産業機械製造業

9 電気・電子情報関連産業

10 建設

11 造船・舶用工業

12 自動車整備

13 航空

14 宿泊

政府は 2019 年度から 5 年間に 14 業種で最大 34 万 5,150 人の受け入れを見込んでいます。今後人手不足の状況により、2 年ごとの見直しが行われ、特定産業分野の数も 14 から増える可能性が高いです。

Q4

新たな在留資格「特定技能1号」とはどのような在留資格ですか？

Answer 💬

　政府が対象業種として認めた14業種において働くことを認められた外国人労働者に対して与えられる在留資格で、1年・6ヶ月又は4ヶ月ごとの更新となり、通算で上限5年までです。

　技能水準を証明する試験に合格しなければ取得できない在留資格です。外国人が家族を帯同することは原則的に認められていません。ただし、子供とすでに日本で生活している留学生が「特定技能1号」に在留資格変更するようなケースでは認められる可能性もあります。

　「特定技能1号」取得のためには2つのパターンがあります。

技能実習生の経験者の場合

　技能実習生は働きながら該当する対象職種に関する技術を習得します。この技能実習生の3年間の経験（技能実習2号を良好に修了した場合）があれば、無試験で技能実習内容に該当する「特定技能1号」に移行できます。ただし、技能実習の内容と異なる場合は、技能検定のみ試験に合格することが必要です。

技能実習生以外のケースで日本国内において働くことを希望する外国人の場合）

　日本の「特定技能1号」を取得するためには、日常会話程度の日本語能力試験のN4以上、または国際交流基金日本語基礎テストと技能水準試験に合格することが必要になります。従来からあった日本語検定とは違う全くの新しい試験制度となります。

　日本語レベルは今までの日本語能力試験のN4が1つの目安とされています。これは日常的な場面で使われる日本語をある程度理解することができる

0章　はじめに

1章　外国人の採用実務

2章　外国人の入国（在留資格と在留カード）

3章　外国人の入社と届出

4章　新しい在留資格「特定技能」とは？

5章　外国人の労務管理

レベルです。日本人と最低限のコミュニケーションが成立し、仕事の遂行を円滑に行うことができるレベルと考えていいでしょう。

　技能試験は、本国である程度経験があれば理解できるレベルのテストで、業種によっては少し勉強した程度で合格できるものもあります。

　「特定技能 1 号」の在留資格を取得するためには、

---

① 日本語のレベルテストの合格（N4 相当）
② 技能水準テストの合格
③ 特定技能所属機関として認められた企業等と外国人労働者の直接の
　 雇用契約（農業と漁業は派遣契約での雇用が可能）

の 3 点セットが必要となります。

　これに加え、外国人労働者が、「特定技能 1 号」の在留資格に基づく活動を安定的かつ円滑に行うことができるようにするため、職業生活上、社会生活上、日常生活上の支援を実施するための計画である「**1 号特定技能外国人支援計画**」を作成しなければなりません。

　下記のサイトをご参照下さい。
http://www.moj.go.jp/content/001288172.pdf
(1 号特定技能外国人支援計画書)

Q5

「特定技能2号」とはどのような在留資格ですか？

Answer

　「**特定技能2号**」の資格は「**熟練した技能**」を持つと認定された外国人に与えられます。いきなり「特定技能2号」とはならず、「特定技能1号」の資格を取得してからさらに難しい技能試験に合格した者だけが「特定技能2号」として認められることになります。日本語能力試験は新たに課されることはありません。実際、従来からコック・ワインソムリエなどいくつかの職種には「技能」という在留資格が与えられていました。「特定技能2号」はこの「技能」と同等と位置づけられることになります。そのため国が認定した職種ごとの試験の合格証の写しが「特定技能2号」の絶対条件となります。

　また、同じ業務を担当する日本人と同等以上の給与での雇用契約が必要です。

　当面は、建設と造船・舶用工業でのみ特定技能2号への申請ができることになります。

　申請の際に必要となる書類は以下です。

> ① 契約機関の登記事項証明書及び損益計算書の写し
> ② 契約機関の事業内容を明らかにする資料
> ③ 経歴書並びに活動に係る経歴及び資格を証する公的機関が発行した文書
> ④ 活動の内容、期間、地位及び報酬を証する文書
> ⑤ 特定技能2号に合格した技能試験の証明

　なお、「特定技能2号」を取得すれば外国に住む家族（配偶者・子）を帯同することも可能になります。

　さらに日本国内で独立生計を営めるだけの資産を持ち、通算10年以上在留すれば、永住権の申請要件を満たすことになります。

0章 はじめに

1章 外国人の採用実務

2章 外国人の入国（在留資格と在留カード）

3章 外国人の入社と届出

4章 新しい在留資格「特定技能」とは？

5章 外国人の労務管理

Q6

「特定技能2号」はすべての業種が対象となりますか？

Answer

「特定技能2号」については、すべての業種で認められるわけではありません。

まず、**建設業**及び**造船・舶用工業**の分野を先行することが決まっていますが、今後の人手不足の深刻度によってさらなる業種が、2021年以降「特定技能2号」に追加される可能性があります。

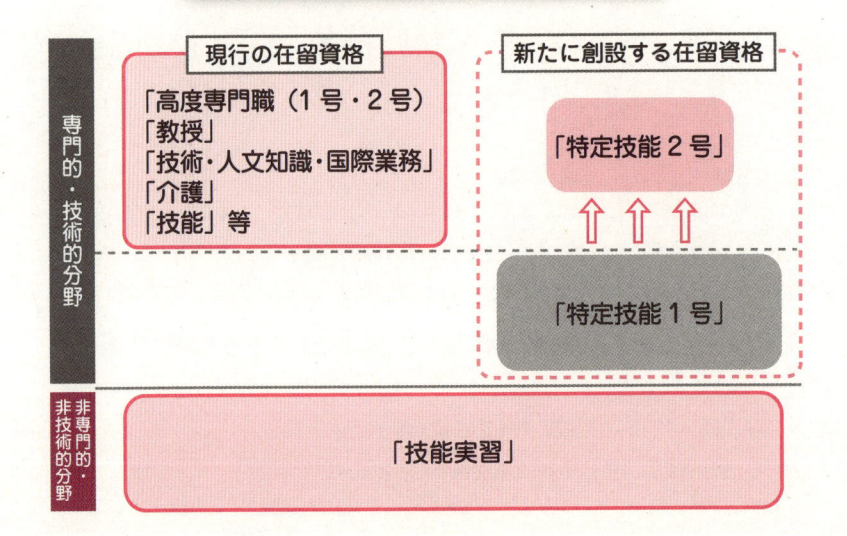

就労が認められる在留資格の技能水準

	現行の在留資格	新たに創設する在留資格
専門的・技術的分野	「高度専門職（1号・2号）」「教授」「技術・人文知識・国際業務」「介護」「技能」等	「特定技能2号」⇧⇧⇧「特定技能1号」
非専門的・非技術的分野	「技能実習」	

Q7

技能実習生の制度と「特定技能1号」との関連性はどうなっていますか？

Answer

　新しい入管法の規定では、3年以上技能実習生としての経験があり、一定以上の技能レベルがあると国が判断した外国人については無試験で「特定技能1号」に移行できるようになりました。

　日本国政府の想定では、現在25万人いる実習生のうち5年間で約12万～15万人が「特定技能1号」に移行されるとされています。もともと技能実習制度については、働きながら日本の技術を学び、帰国後は習得した技術を活かして母国で働いてもらうことを前提としていました。しかし、今回の法改正によって、働きながら日本の技術を学び、その後は人手不足で悩む日本の各業界のために尽力するという性格に変わることになります。その変化の象徴として「特定技能1号」が登場したわけです。

　「特定技能1号」は日本語能力試験N4以上か国際交流基金日本語基礎テストを問題なくクリアした留学生については就業分野の知識と技能に関する試験に合格すれば、在留資格変更申請が認められることになります。

　外国人留学生が多く働く外食業などにおいては既にアルバイト経験で知識と技能を身につけていますので、技能水準試験に合格しやすいと考えられます。よって、比較的簡単に「特定技能1号」が取得できると思われます。

　「特定技能1号」は、特定技能雇用契約と日本語能力試験N4以上合格と職種ごとの技能水準試験に合格した証明の3点セットがあれば、学歴を問われることがなく在留資格を取得できます。

ポイント　　　　　　　　　　　　　　　one point advice

・技能実習生は、原則として転職できない。
・「特定技能1号」は、自由に転職することができる。

0章　はじめに
1章　外国人の採用実務
2章　外国人の入国（在留資格と在留カード）
3章　外国人の入社と届出
4章　新しい在留資格「特定技能」とは？
5章　外国人の労務管理

Q8

2019 年 4 月 1 日から改正された労働基準法の改正と外国人労働者の「特定技能 1 号」は関係がありますか？

Answer

　日本の労働基準法は外国人労働者が日本国内で働く場合でも適用されますので、当然関係があります。

　特に同一労働同一賃金への対応には注意が必要です。企業が「特定技能 1 号」に該当する職種で働かせる外国人Ａの賃金が、業務内容が同じの日本人社員Ｂと賃金格差があるということは原則避けなくてはいけません。例えば外食産業の牛丼チェーン店でマニュアルに書いてあることを理解し、オペレーションができる外国人社員が、日本人と全く同じレベルで働けるということであれば、同じ賃金を支払う必要があります。

　有給休暇等についても日本人と同様に与えるということが必要です。

　基本的に日本語でコミュニケーションができることが前提に在留資格が付与されるので、就業規則にもふりがなをつけるなどして内容を示すことが求められます。出来れば、外国人の母国語で就業規則や雇用契約書を渡すことが望ましいです。建設業では、外国人労働者が理解できる言語での雇用契約書作成が義務化されます。なお、「特定技能 1 号」の在留資格で働く外国人労働者は、5 年を限度とする有期雇用労働者に該当しますので、2020 年 4 月 1 日施行の「パートタイム・有期雇用労働法」が適用されます。

ポイント　　　　　　　　　　　　　one point advice

1. 同じ企業で働く正社員と外国人有期雇用労働者「**特定技能 1 号**」との間で、基本給や賞与手当などあらゆる待遇について、不合理な差を設けることが禁止されます。
2. 事業主は、「**特定技能 1 号**」の外国人労働者から正社員との待遇の違いやその理由などについて説明を求められた場合は、説明をしなければならない。

Q9

新しく入国管理局が 2019 年 4 月より「出入国在留管理庁」と名称を変えましたが、今までの組織との大きな違いは何ですか？

Answer

　大きな違いとしては、外国人労働者の在留管理について、企業への立ち入り検査など厳しく取り締まる体制が組織内にできることです。実際、技能実習生への人権侵害行為が次々に明らかになっていることから、新しい在留資格「特定技能」に該当する外国人労働者が低賃金、違法残業、賃金未払いや暴行などの不法行為の被害者とならないように監視することが重要な仕事となります。実際監視体制を強化するため、2018 年 12 月時点で4,800 人の入国管理局の職員が 580 人増となり、「**出入国在留管理庁**」としてスタートしました。一つの案として、人権侵害を行ったブラック企業に対し、5 年間の受け入れ禁止措置が適用される予定です。ブラック企業と認定されてしまうと、企業活動が著しく阻害され、外国人労働者を使用して事業の展開を行うことが厳しい状況に追い込まれます。

0 章　はじめに

1 章　外国人の採用実務

2 章　外国人の入国（在留資格と在留カード）

3 章　外国人の入社と届出

4 章　新しい在留資格「特定技能」とは？

5 章　外国人の労務管理

Q 10

外国人労働者が「特定技能 1 号」を取得するために必要な日本語能力はどの程度のレベルですか？

Answer

　現在日本国政府が示している「特定技能 1 号」に必要な日本語レベルは N4 程度の日常会話程度とされています。多くの日本人が目にするコンビニエンスストアでアルバイトをする外国人店員のレベルとイメージしたらいいと思います。農業分野においてはさらに低いレベルでも業務に対応できると言われていますが、今後業界ごとに外国人に求められるレベルの設定がされると思われます。人手不足が深刻な業界の場合、日本語能力が低くても受け入れ可能となっていますが、仕事を円滑に進める上では、企業が支援してN3 レベルの日本語能力を外国人に身に付けてもらうことが重要です。

日本語能力試験 N 4 の問題構成

📝 言語知識（文法）・読解（60分）

①文　法
- ・文の内容に合った文法形式かどうかを判断することができるかを問う
- ・統語的に正しく、かつ、意味が通る文を組み立てることができるかを問う
- ・文章の流れに合った文かどうかを判断することができるかを問う

②読　解
- ・学習・生活・仕事に関連した話題・場面の、やさしく書き下ろした 100 〜 200 字程度のテキストを読んで、内容が理解できるかを問う
- ・日常的な話題・場面を題材にやさしく書き下ろした 450 字程度のテキストを読んで、内容が理解できるかを問う
- ・案内やお知らせなど書き下ろした 400 字程度の情報素材の中から必要な情報を探し出すことができるかを問う

③聴　解（35 分）
- ・具体的な課題解決に必要な情報を聞き取り、次に何をするのが適当か理解できるかを問う
- ・事前に示されている聞くべきことを踏まえ、ポイントを絞って聞くことができるかを問う
- ・イラストを見ながら、状況説明を聞いて、適切な発話が選択できるかを問う
- ・質問などの短い発話を聞いて、適切な応答が選択できるかを問う

Q11

外国人の受け入れ環境の整備のため、今後どのようなサービス環境が整えられますか？

Answer 💬

　現在の予定では「特定技能」の在留資格を持つ外国人は日本社会の一員として安心して働くことができるような一元的な公的相談窓口が全国に 100 ヵ所以上設立される予定です。医療機関においても多言語化の対応ができるようなシステム環境が整えられる予定です。生活関連では、以下の内容の体制づくりが予定されています。

予定されている体制

１．暮らしやすい地域社会づくり

①行政・生活情報の多言語化、相談体制の整備

・行政・生活全般の情報提供・相談を多言語で行う一元的窓口に係る地方公共団体への支援制度の創設（「多文化共生総合相談ワンストップセンター（仮）」（全国約 100 ヵ所、11 言語対応）の整備）

・安全・安心な生活・就労のための新たな「生活・就労ガイドブック（仮）」（11 言語対応）の作成・普及

・多言語音声翻訳システムのプラットフォームの構築と多言語音声翻訳システムの利用促進

②地域における多文化共生の取組の促進・支援

・外国人材の受入れ支援や共生支援を行う受け皿機関の立ち上げ等、地域における外国人材の活躍と共生社会の実現を図るための地方公共団体の先導的な取組を、地方創生推進交付金により支援

・外国人の支援に携わる人材・団体の育成とネットワークの構築

２．生活サービス環境の改善等

①医療・保健・福祉サービスの提供環境の整備等

・電話通訳や多言語翻訳システムの利用促進、マニュアルの整備、地域の対策協議会の設置等により、全ての居住圏において外国人患者が安

0章　はじめに

1章　外国人の採用実務

2章　外国人の入国（在留資格と在留カード）

3章　外国人の入社と届出

4章　新しい在留資格「特定技能」とは？

5章　外国人の労務管理

心して受診できる体制を整備

- 地域の基幹的医療機関における医療通訳の配置・院内案内図の多言語化の支援

②災害発生時の情報発信・支援等の充実

- 気象庁 HP、Jアラートの国民保護情報等を発信するプッシュ型情報発信アプリ Safety tips 等を通じた防災・気象情報の多言語化・普及（11言語対応）、外国人にも分かりやすい情報伝達に向けた改善（地図情報、警告音等）
- 三者間同時通訳による「119番」多言語対応と救急現場における多言語音声翻訳アプリの利用、災害時外国人支援情報コーディネーターの養成

③交通安全対策、事件・事故、消費者トラブル、法律トラブル、人権問題、生活困窮相談等への対応の充実

- 交通安全に関する広報啓発の実施、運転免許学科試験等の多言語対応
- 「110番」や事件・事故等現場における多言語対応
- 消費者生活センター（「188番」）、法テラス、人権擁護機関（8言語対応）、生活困窮相談窓口等の多言語対応

④住宅確保のための環境整備・支援

- 賃貸人・仲介事業者向け実務対応マニュアル、外国語版の賃貸住宅標準契約書等の普及（8言語対応）
- 外国人を含む住宅確保要配慮者の入居を拒まない賃貸住宅の登録・住宅情報提供・居住支援等の促進

⑤金融・通信サービスの利便性の向上

- 金融機関における外国人の口座開設に係る環境整備、多言語対応の推進、ガイドラインの整備
- 携帯電話の契約時の多言語対応の推進、在留カードによる本人確認が可能である旨の周知の徹底

Q12

新しい在留資格「特定技能」取得に必要な国際交流基金日本語基礎テストとはどのようなものですか？

Answer

　海外から在留資格認定証明書交付申請を経て日本に来ることになる外国人労働者が原則として受けなければならない試験です。

　基本的な日本語での日常会話および業務上職場にいる日本人と最低限のコミュニケーションが取れるレベルが求められていることになります。

　新しい日本語基礎試験は日本で受験することができます。さらに海外では、ベトナム、中国、フィリピン、インドネシア、タイ、ミャンマー、カンボジア、モンゴル、ネパールの9か国での実施が決まっています。今後さらに実施国が拡大することが見込まれています。なお、試験はコンピューターを使用する方式で行われます。

COLUMN　特定技能外国人支援の一部委託について

　特定技能外国人支援計画の一部について事業主は委託することができます。例えば、事前ガイダンスや生活ガイダンスなど専門的な知識が必要とされる部分については送り出し機関や労務の専門家の社会保険労務士に委託することが考えられます。

　特定技能基準省令第4条により、事業主が1号特定外国人支援の一部の実施を契約によって他の者に委託する場合にあっては、その委託の範囲が明示されていなければなりません。

　特定技能所属機関である事業主が1号特定技能外国人支援計画の適正な実施に係る基準を満たしている場合には、自らの責任の下で複数の第三者に委託することができるのです。

　なお、特定技能雇用契約と同様、1号特定技能外国人支援計画に関する各種届出も義務付けられており、届出の不履行や虚偽の届出は罰則の対象となります。

0章　はじめに

1章　外国人の採用実務

2章　外国人の入国（在留資格と在留カード）

3章　外国人の入社と届出

4章　新しい在留資格「特定技能」とは？

5章　外国人の労務管理

新資格「特定技能」の在留資格を与えられた外国人は、日本で銀行口座を開設することができますか？

Answer

　「特定技能」の在留資格を与えられた外国人は、日本の金融機関で口座を開設することが出来ます。金融機関は、「特定技能」の在留資格を持つ外国人の口座開設を拒否してはいけない旨行政指導されています。

　今回の入管法改正においては政府として、在留カードをもつ外国人労働者が金融機関において口座を開設できるように行政指導を行う予定です。

　受け入れ企業からの給与の支払いは、原則として銀行振り込みの方式になります。これは、マイナンバーで、お金の動きを的確に把握する目的があります。これにより雇用主からの給与額を把握しやすくします。

　これは、ブラック企業のような雇用主が、契約内容に違反し、実際には給与を適正額支払っていないなど、労働基準法違反事案を客観的に把握するためです。

　また、社宅の使用料金と称して不当に高い額の天引きを行い、外国人の手元に振り込まれる金額が極端に低くなるような事例が技能実習生の雇用主の一部に見られたことから、この点も内容確認されることになります。

ポイント　　　　　　　　　　　　　　　one point advice

　金融庁からの行政指導で、各金融機関は「特定技能1号」の在留資格で来日した外国人の銀行口座開設を、速やかに行わなければなりません。

Q14

今後「特定技能」の在留資格を必要とされる分野への外国人人材の受け入れが円滑に進むよう政府としてはどのように日本語教育を行う予定ですか？

Answer 💬

　今後、外国人人材の数を確保するためテキストの作成や翻訳、現地における教育プログラムの策定、インターネットを利用した学習環境の整備を行っていく予定です。

　日本語教育については国際交流基金が作成した「JF 日本語教育スタンダード」をベースとして、海外に住む外国人向けに日本語教育を効果的に行えるカリキュラム及び教材を開発する予定です。日本語を学べる環境にある国とそうでない国や地域格差をどのように解消していくかが課題です。

【円滑なコミュニケーションの実現のための対応策】

1．日本語教育の充実

・生活のための日本語の標準的なカリキュラム等を踏まえた日本語教育の全国展開（地域日本語教育の総合的体制づくり支援、日本語教室空白地域の解消支援等）

・多様な学習形態のニーズへの対応（多言語 ICT 学習教材の開発・提供、放送大学の教材や NHK の日本語教育コンテンツの活用・多言語化、全ての都道府県における夜間中学の設置促進等）

・日本語教育の標準等の作成（日本版 CEFR（言語のためのヨーロッパ共通参照枠））

・日本語教師のスキルを証明する新たな資格の整備

2．日本語教育機関の質の向上・適正な管理

- 日本語教育機関の質の向上を図るための告示基準の厳格化（出席率や不法残留者割合等の抹消基準の厳格化、日本語能力に係る試験の合格率等による数値基準の導入等）

- 日本語教育機関に対する定期的な点検・報告の義務付け

- 日本語教育機関の日本語能力に関する試験結果等の公表義務・情報開示の充実

- 日本語教育機関に関する情報を関係機関で共有し、法務省における調査や外務省における査証審査に活用（外国人材の受入れ、共生に関する関係閣僚会議資料 2018 年 12 月 25 日）

Q15

「留学」から「特定技能1号」への在留資格変更は可能になりますか？

Answer

　今回の新資格の「特定技能」については、現在、ホテル業界、外食産業など数多くの外国人留学生アルバイトによって支えられていることから、卒業までに日本語の試験と技能試験に合格した留学生については「特定技能1号」への変更が認められます。卒業後に試験を受けて合格すれば、そのケースでも変更申請は可能です。

　この状況から大学時代外食産業でアルバイトをしてノウハウを身に付け、日本語能力も十分にある留学生については在留資格変更が認められる可能性が広がりました。なお、2019年5月30日より新しい政策として、4年制大学を卒業した留学生が日本語能力を活かした仕事に就く場合、「特定活動」という在留資格で、1年ごとに在留資格更新が無制限に接客業で働くことができるようになりました。特定産業に入っていないコンビニエンスストアやドラッグストアの店頭でも就労が可能となります。ただし、あくまでも日本語でコミュニケーションを行う業務というのが大前提にあります。

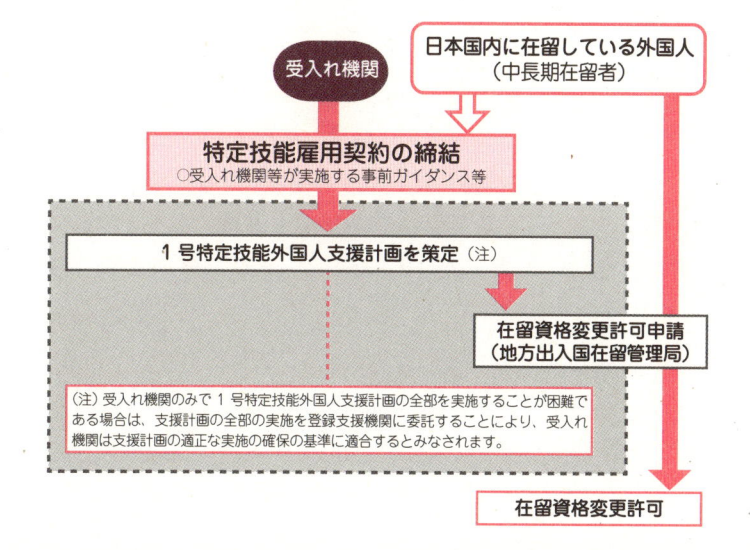

0章　はじめに

1章　外国人の採用実務

2章　外国人の入国（在留資格と在留カード）

3章　外国人の入社と届出

4章　新しい在留資格「特定技能」とは？

5章　外国人の労務管理

Q 16

外国人を雇用する企業等への指導、周知、啓発はどのように行われる予定ですか？

Answer

　外国人を雇用する企業への指導、周知、啓発については雇用対策法に基づく外国人雇用状況の届出等を踏まえ、ハローワークの職員が事業所を訪問するなどして適正な労働条件の下に働いているかどうかを調べていく予定です。今後は、企業がハローワークに提出した情報に関しては、出入国在留管理庁にも流れるような情報共有化が行われることが決定しています。届出義務を怠る雇用主は、ブラック企業とみなされます。

　日本語を含む職場でのコミュニケーション能力の向上、日本の労働法令、雇用慣行、労働社会保障制度などについてセミナーを実施し、企業をサポートする対策も検討されています。外国人の能力向上に資する助成金も準備されます。とくに、人手不足感の強い中小事業主が使いやすい助成金が、外国人雇用について用意されていくことが予想されています。今後の外国人労働者 1000 万人時代に備えて、当初は、人材開発支援助成金の活用が中心となることが予定されています。

ポイント　　　　　　　　　　　　　one point advice

　外国人の日本語修得のための外部研修は、人材確保のために必要なため助成金の対象になります。

　その他、中小企業事業主の場合、有期契約労働者となる「特定技能 1 号」の外国人労働者の人材育成に取り組んだ場合、人材開発支援助成金の特別育成訓練コースの対象となります。

Q17

外国人の住居の問題はどうなりますか？

Answer 💬

　外国人が日本に住む場合、保証人がいないのを理由に住宅入居を断られることがあるため、政府主導で確実に入居できる賃貸住宅の情報提供の仕組みがつくられます。住居の確保についても、雇用主の責務の一つとして位置づけられることとなりました。雇用主は、保証人になるか自ら住居を外国人のために用意しなければなりません。「特定技能」の在留資格の外国人を雇用するのであれば、住宅の確保は企業の責務と考えられます。

　なお、特定技能外国人が負担する費用のうち居住費については、自己所有物件の場合、借上物件の場合に応じて次の通りでなければなりません。

　自己所有物件の場合は、実際に建設、改築等に要した費用、物件の耐用年数、入居する特定技能外国人の人数等を勘案して算出した合理的な金額となります。借上物件の場合、借り上げに要する費用（管理費・共益費を含む）を入居する特定技能外国人の人数で除した額以内の額となります。

💡 ポイント　　　　　　　　　　　　　　　one point advice

1. 特定技能外国人が定期に負担する費用のうち居住費については、自己所有物件の場合、借上物件の場合に応じて、次のとおりでなければなりません。
   ・自己所有物件の場合
   　　実際に建設・改築等に要した費用、物件の耐用年数、入居する特定技能外国人の人数等を勘案して算出した合理的な額
   ・借上物件の場合
   　　借上げに要する費用（管理費・共益費を含み・敷金・礼金・保証金・仲介手数料等は含まず。）を入居する特定技能外国人の人数で除した額以内

2. 特定技能外国人が定期に負担する費用のうち水道・光熱費については、実際に要した費用を当該宿泊施設で特定技能外国人と同居している者（特定技能所属機関やその家族を含む。）の人数で除した額以内である必要があります。

□章
はじめに

1章
外国人の採用実務

2章
外国人の入国（在留資格と在留カード）

3章
外国人の入社と届出

4章
新しい在留資格「特定技能」とは？

5章
外国人の労務管理

新しい在留資格「特定技能」では除外される国もあるようですがそれはなぜですか？

Answer

改正入管法で新しく設けられた「特定技能」においては、

(1) 日本から強制退去となった外国人の身柄を引き取らない国からは受け入れない。

(2) 乱用的な難民認定申請や不法滞在者が多い国は在留資格付与を厳重に審査する。

という方針が示されています。日本社会にマイナスイメージを与える迷惑な国の労働者は、政府として断りたいという方針です。イランとトルコが該当することがすでに公表されています。

特定技能 1 号のポイント

○ **在 留 期 間**：1 年、6 ヶ月又は 4 ヶ月ごとの更新、通算で上限 5 年まで

○ **技 能 水 準**：試験等で確認（技能実習 2 号を修了した外国人は試験等免除）

○ **日本語能力水準**：生活や業務に必要な日本語能力を試験等で確認（技能実習 2 号を修了した外国人は試験等免除）

○ **家族の帯同**：基本的に認めない

○ **受入れ機関又は登録支援機関による**支援の対象

特定技能 2 号のポイント

○ **在 留 期 間**：3 年、1 年又は 6 ヶ月ごとの更新

○ **技 能 水 準**：試験等で確認

○ **日本語能力水準**：試験等での確認は不要

○ **家族の帯同：要件を満たせば可能（配偶者、子）**

○ **受入れ機関又は登録支援機関による支援の対象外**

Q19

農業の分野では深刻な人手不足が続いていますが、「特定技能」の運用方針はどうなりますか？

Answer

　農業については、農作業の繁忙期が地域、品目ごとに異なるという実態があります。そのため柔軟性のある仕組みづくりや地域の JA を受入れ対象にするなどの対応策が採られます。農業という一般的に労働基準法が適用しにくい産業にありながらも、外国人労働者については、他の業界と足並みを揃える必要性から労働法規も適用されます。

　改正法施行により以下のことが可能となります。

> ① 同一地域内または複数産地の異なる農業経営体での就労が可能
> ② JAの選果場等集出荷施設での就労が可能となる。

　農林水産省の方針では、農業全般で一定の技能を持つ人材を受け入れることが制度の趣旨のため、JA の集出荷施設だけで外国人が働くことは認められません。

　JA 関連企業が外国人を直接雇用し、組合員から請け負った農作業に就いてもらい、集出荷施設でも働いてもらうことが想定されています。

　外国人は３年間の技能実習を修了すれば、新制度の「特定技能１号」で就職できます。

　現在、技能実習は、「耕種」と「畜産」の２分野となっているため、外国人労働者が実習した分野とは違う分野で働く場合、その分野の技能試験に合格することが必要です。

ポイント　　　　　　　　　　　　　　　　one point advice

　農業と漁業については、派遣の形式で「特定技能１号」の外国人を働かせることが出来ます。

0章　はじめに

1章　外国人の採用実務

2章　外国人の入国（在留資格と在留カード）

3章　外国人の入社と届出

4章　新しい在留資格「特定技能」とは？

5章　外国人の労務管理

入管法改正後の「特定技能」外国人労働者を雇用する企業の責務とはどのようなものですか？

Answer

　日本国政府では、2019年4月実施の入管法改正により「特定技能」の在留資格が創設され、今後多くの外国人労働者が日本市場に入ってくることになります。このため、政府が新しい窓口となる出入国在留管理庁を通じて外国人労働者を雇用する企業に対して求めていくルールも厳格化されました。

　2019年4月からは全国規模で外国人労働者の適正雇用と生活支援を行っていくことが企業サイドに求められることになります。

　従来に比べ、外国人労働者の公私にわたる支援で企業の社会的責任が重くなります。外国人労働者が費用負担をすべき食費、居住費についても、適正な額であることが求められています。法務省ではこれらの情報をまとめた「特定技能外国人受け入れに関する運用要領」をまとめています。

外国人労働者の適正雇用と日本社会への適応を促進するための方針

① 外国人労働者の日本社会への適応促進を図るため、地方自治体と協力し、彼らに対して日本語教育及び日本の文化や慣習等についての理解を深める機会を提供するようにしなければならない。

② 外国人労働者が地域の住民と共生できるよう、彼らの地域社会参画の機会の確保に努める（特定技能2号を取得した場合は、その家族も含め地域住民との共生を確保するよう努める。）

③ 外国人労働者の子どもが将来の日本社会あるいは母国社会を支える存在となることを考慮し、子どもの社会的自立を図るため、外国人労働者が保護者としての責任を果たすことができるよう努める。（特定技能2号としての在留資格を得た場合に限る。）

④ 外国人労働者が日本人労働者と同様、公正かつ良好な労働条件を享受できるよう、彼らを雇用する場合労働関係法令等を遵守しなければならない。

⑤ 外国人労働者の住居の確保及び帰国費用については企業が責任を持って行うこととする。

Q21

「特定技能」の在留資格を持った外国人が転職を希望した場合、国はどのようなサポートを行いますか？

Answer

「特定技能」の在留資格を持った外国人労働者の地域での安定した就労が確保されるよう、転職希望の場合、地域のハローワークにおいて多言語対応（11ヵ国語）により、地元企業の情報提供や外国人が応募しやすい求人の確保を行う等の支援を行っていくことになります。

なお、雇用主である特定技能所属機関側の都合で、1号特定技能外国人の雇用契約を解除する場合、他の特定技能所属機関と契約を行えるよう支援をしなければなりません。特定技能所属機関は特定技能雇用契約が終了した場合にはその終了日から14日以内に管轄の地方出入国在留管理局に契約の終了した旨、ならびに終了年月日及び終了の事由を記載した書面を提出して届出を行わなければなりません。

2号特定技能外国人が従事する活動とは

2号特定技能外国人が従事する活動は、特定産業分野に属する業務であって、**熟練した技能を要する業務でなければなりません。**

特定産業分野における熟練した技能とは、当該特定産業分野における長年の実務経験等により身に付けた熟達した技能をいい、当該特定産業分野に係る分野別運用方針及び分野別運用要領で定める水準を満たすものをいいます。なお、平成31年4月1日現在で「特定技能2号」による外国人の受入れが可能となるのは「建設分野」と「造船・舶用工業分野」の2分野となっています。

「特定技能2号」は「特定技能1号」よりも高い技能水準を持つ者に対して付与される在留資格ですが、当該技能水準を有しているかの判断はあくまで試験の合格等によって行われることとなります。よって「特定技能1号」を経れば自動的に「特定技能2号」に移行できるものでもなく、他方、試験の合格等により「特定技能2号」で定める技能水準を有していると認められる者であれば「特定技能1号」を経なくても「特定技能2号」の在留資格を取得することができます。

「特定技能」の在留資格について、介護においてはどのレベルの知識があれば1号として認められますか？

Answer 💬

　介護のカテゴリーで「特定技能1号」として2019年から5年間の受け入れ人数については6万人が見込まれています。介護分野の「特定技能1号」を取得するためには通常技能試験を受ける必要があります。看護学校等一定レベルを母国で修了している外国人材ならば、この技能試験は十分合格できる内容です。今後技能試験が実施されるのは、ベトナムやフィリピンなどアジアの特定の国が中心となる予定です。そのため実施されない国からの就労を可能にすることも必要があり、このような専門教育修了者の技能試験が免除されることになりました。ただし、日本の在留資格取得のためにN4レベルの日本語能力試験に合格することが必要となります。ただし、介護については、日本人とのコミュニケーションが必要不可欠なので、受け入れ企業が来日後の外国人労働者に手厚い継続的な日本語教育を施していくことが求められます。

介護日本語評価試験について【試験概要】

（1）試験言語

　介護日本語評価試験に使用する言語は、日本語とし、指示文を試験実施国の現地語とする。

（2）実施主体

　試験作成は厚生労働省、試験実施及び運営等は同省が補助する2019年度介護技能評価試験等実施事業者（以下「補助事業者」という。）とする。

（3）実施方法

　コンピューター・ベースド・テスティング（ＣＢＴ）方式とする。

（注）テストセンターでコンピュータを使用して出題、解答するもので、受験者は、ブースで、コンピュータの画面に表示される問題をもとに、画面上で解答する。

（4）事業年度における実施回数及び実施時期

　2019年度は5〜6回程度、実施時期は概ね4月、6月、以降に3〜4回程度とする。（注）2019年度はフィリピンでまず実施された。

Q 23

外国人留学生の就職条件緩和が実施されるそうですが、何が変わりますか？

Answer

　外国人留学生が卒業後日本国内で就職を希望する場合、大学や専門学校において専攻した内容と近い関連業務の仕事でなければ原則として在留資格の「技術・人文知識・国際業務」を得るのは難しいとされていました。しかし、2019年5月30日以降は日本国内で4年制大学を卒業した外国人ならば専攻に関わらず就労の在留資格が与えられます。「特定技能」での就職も一部では可能となります。ただし、日本語能力試験のN4以上の技能水準の試験に合格する必要があります。調理の専門学校を出た学生が、外食業で働くことなどは、従来に比べて極めて容易になります。

　2019年5月30日からは「特定活動」（46号）がスタートし、4年制大学を卒業した外国人留学生は、日本語能力を活用する仕事に就くのであれば在留資格を取得できます。

政府の行う留学生の就職支援

- 大卒者・クールジャパン分野等の専修学校修了者の就職促進のための在留資格の整備等
- 中小企業等に就職する際の在留資格変更手続の簡素化
- 文部科学省による大学等の就職促進のプログラムの認定等
- 留学生の就職率の公表の要請、就職支援の取組状況や就職状況に応じた教育機関に対する奨学金の優先配分、介護人材確保のための留学・日本語学習支援の充実
- 業務に必要な日本語能力レベルの企業ごとの違いなどを踏まえた多様な採用プロセスの推進
- 産官学連携による採用後の多様な人材育成・待遇などのベストプラクティスの構築・横展開

0章　はじめに

1章　外国人の採用実務

2章　外国人の入国（在留資格と在留カード）

3章　外国人の入社と届出

4章　新しい在留資格「特定技能」とは？

5章　外国人の労務管理

「特定技能2号」の技能試験についてはどのような ものが想定されていますか？

Answer 💬

　「特定技能2号」は永住権取得への道が開かれる資格です。そのため高レベルの試験となります。今のところ**建設業と造船・舶用工業の2業種**が、2021年度から試験を始めることを決めています。

　例えば、建設業では技能検定制度がありますが、この一級に該当するレベルの仕事を日本国内でこなせるだけの外国人材を想定していると考えられます。「特定技能1号」を経なくとも、技術の水準が**技能検定の1級レベルであることを証明できれば、「特定技能2号」が与えられる**ことになっています。

　つまり、日本語能力がしっかりとしており、日本人が受ける技能検定の1級を日本語で受検し、それに合格した場合、実施職種が「特定技能2号」の対象となれば変更が認められます。

Q25

在留資格「技能」と「特定技能」の大きな違いは何ですか？

Answer 💬

　今までも入管法の規定の中で「技能」という在留資格は存在していました。「技能」については日本人では代替できない産業上の特殊な分野に属する熟練した技能を有する外国人が該当します。例えばフランス料理のフルコースを調理できるコックなどが該当します。これに対し「特定技能1号」では、日本人が普通にコンビニエンスストア等で購入して食べる弁当をマニュアルに従って盛り付けるような食品加工技能が該当します。

　一方、「特定技能1号」は、日本人の人手不足を助ける目的で創設されましたので、外国人が自己の経験の集積によって有している能力ではなく、チェーン店などで使用されるマニュアルを理解し、遂行する能力ということになります。

□章　はじめに

1章　外国人の採用実務

2章　外国人の入国（在留資格と在留カード）

3章　外国人の入社と届出

4章　新しい在留資格「特定技能」とは？

5章　外国人の労務管理

Q 26

農業分野など「特定技能」についてはすでに技能実習を修了して本国に帰ってしまった人でも招へいできるのですか？

Answer 💬

　日本で3年間の技能実習を既に修了し、母国へ戻ってしまった外国人労働者の受け入れが可能です。ポイントは技能実習を修了している外国人であれば技能および日本語能力を問う試験が免除されます。農業分野では2000年から技能実習を修了して帰国した外国人の総数が68,000人もいます。これは現在農業分野で技能実習生として働く55,700人よりも多く、スムーズな受け入れが可能となっていくことが予想されます。ただし、外国人が実習した区分とは異なる区分で就労する場合は働く内容に該当する技能測定試験に合格する必要があります。

特定技能1号

特定産業分野に属する**相当程度の知識又は経験を必要とする技能**を要する業務に従事する外国人向けの在留資格

○ **在留期間**：1年、6ヶ月又は4ヶ月ごとの更新、**通算で上限5年**まで
○ **技能水準**：試験等で確認（技能実習2号を良好に修了した者は試験等免除）
○ **日本語能力水準**：生活や業務に必要な日本語能力を試験等で確認（技能実習2号を良好に修了した者は試験等免除）
　　　➡過去に日本で技能実習2号を取得した人も対象
○ **家族の帯同**：基本的に認められない
○ **受入れ機関又は登録支援機関**による**支援の対象**

Q27

「特定技能1号」の在留資格に関し、制度を円滑に進めるためにすべての対象業種で協議会が設立されるようですが、この組織では何を行いますか？

Answer

　例えば農業分野では、農林水産省の主導で「農業特定技能協議会」という名称で設立されます。この協議会にはJA全中や日本農業法人組合、全国農業会議所などが参加する見込みです。

　法務省では、2019年4月の入管法改正以降、3ヶ月に一度、外国人の就労人数を業種・職種・在留資格別・地域別に公表する予定となっています。

　協議会では法務省からの情報を把握することにより受け入れ農家や派遣事業者などに雇用人数などの情報や外国人確保に関する現地調査などの協力も求めます。

　今回新しく就労の一つの形として認められた「特定技能」では、同じ職種ならば勤務先を外国人自らの意思で変えることができます。ただし、在留資格変更申請が必要です。そして、変更が認められると、在留カードも新しくなります。

　この点、外国人労働者が雇用主を選べるので、賃金水準の高いエリアに外国人労働者が集中し、一定の地方では人が集まりにくいということが想定されます。その調整役として特定技能協議会が機能することが期待されています。この仕組みは、すべての業界に同じです。状況により、外国人の地域割り当て枠のような概念が登場する可能性があります。

0章　はじめに

1章　外国人の採用実務

2章　外国人の入国（在留資格と在留カード）

3章　外国人の入社と届出

4章　新しい在留資格「特定技能」とは？

5章　外国人の労務管理

「特定技能 1 号」の在留資格の対象業務に介護が入っていますが、どの程度の能力があれば取得できますか？

Answer 💬

日本の介護業界では、今後の 5 年間で 30 万人の人材が不足すると予想されています。2017 年からスタートの技能実習の介護がわずか 247 人、在留資格の「介護」は 177 人しか認められていません。

日本語によるコミュニケーションという大きな壁があるため、ハードルを高くするとほとんど人材が集まっていないのが実情です。

そのため、各国の看護学校を修了した外国人が日本語を一定時間学べば「特定技能 1 号」が取得できるような施策が検討されています。

圧倒的な人手不足に対応するためには日本語能力のハードルはかなり下げられています。日本語能力試験 N4 で日本語能力は合格ラインになります。介護の実務では、日本語能力試験 N2 レベルの水準が求められています。そのため、来日後の日本語教育が必要不可欠です。特定技能で採用された外国人については、日本人スタッフの補助業務のみ当面は可能とする指針が、厚生労働省より示されています。なお、経済連携協定（EPA）に基づいて介護福祉士の候補者として来日した外国人のうち、合格点の 5 割以上の得点を取得している場合、「特定技能 1 号」に移行できるようになりました（2019 年7 月より）。

介護分野では、今後も継続的に人手不足の状態が続くと予想されています。とくに団塊世代の人口が 800 万人を超えていることから、深刻化する介護人口の増加に合わせ、外国人への門戸も広がることは確実です。

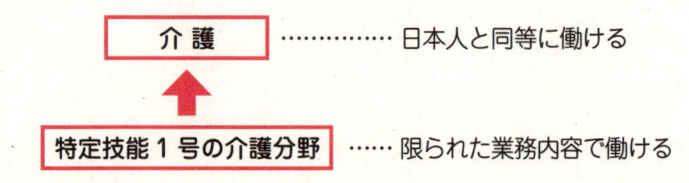

介護 ……………… 日本人と同等に働ける

特定技能 1 号の介護分野 …… 限られた業務内容で働ける

Q 29

「特定技能1号」の在留資格の創設により本当に外国人が多く日本にやってくるのでしょうか？

Answer

　今日の「特定技能」において、最大のネックになるのは、日本語能力試験です。いくら優秀な人材で特定分野の知識を有していたとしても日本語のレベルが基準をクリアしていない場合、日本に来ることはできません。中国人のように漢字の文化に育った場合は、300時間程度（45日前後）の勉強でN4レベルの試験に合格できますが、漢字が苦手な外国人の場合、半年から1年勉強しないと到達できないこともあります。

　例えば、介護の場合、フィリピンの看護学校を卒業した優秀な学生は、英語でコミュニケーションできるので、カナダ、アメリカ、香港、シンガポールなどに行ってしまうケースが多いのが実情です。家族の帯同を認めないという規定も大きなネックとなり、外国人の来日を妨げる要素となります。

ポイント　　　　　　　　　　　　　　one point advice

- 特定技能外国人から一時帰国の申出があった場合は、必要な有給又は無給休暇を取得させることを特定技能雇用契約で定めることとしてください。
- 特定技能外国人が一時帰国のために休暇を取得したことを理由に、就労上の不利益な扱いをしていることが判明した場合は、本基準に不適合となることもあり得ますので、留意してください。
- 業務上やむを得ない事情により、一時帰国休暇の取得を認めない場合は、代替日を提案するなどの配慮をするよう留意してください。
- 特定技能外国人の家族が「短期滞在」で来日した場合には、家族と過ごす時間を確保することができるようにするため、家族の滞在中は有給休暇を取得することができるよう、配慮しなければなりません。
- 雇用条件書は、申請人が十分に理解できる言語により作成し、申請人が内容を十分に理解した上で署名していなければなりません。

0章　はじめに

1章　外国人の採用実務

2章　外国人の入国（在留資格と在留カード）

3章　外国人の入社と届出

4章　新しい在留資格「特定技能」とは？

5章　外国人の労務管理

Q30

「特定技能」の在留資格で事業主は社会保険制度への加入を求められますか？

Answer

　改正入管法においては、「特定技能1号」で外国人を受け入れる場合、受け入れ企業の社会保険制度上の義務の履行状況が確認されることになりました。厚生労働省からの強い要望もあり、義務として明記されることになりました。

　過去にその納付すべき社会保険料を一定程度滞納した受け入れ機関は、「特定技能」で外国人を働かせることができないようになりました。

在留資格更新で求められる資料（特定技能1号）

国税（確定申告をしていない場合）	・直近1年分の個人住民税の課税証明書	
	・住民税の課税証明書と同一年分の給与所得の源泉徴収票	
国税（確定申告をした場合）	・源泉所得税及び復興特別所得税、申告所得税及び復興特別所得税、消費税及び地方消費税、相続税、贈与税を税目とする納税証明書（その3）	
	・上記税目のうち、未納がある税目に係る「未納税額のみ」の納税証明書（その1）で、備考欄に換価の猶予、納税の猶予又は納付受託中である旨の記載があるもの＊納税緩和措置（換価の猶予、納税の猶予又は納付受託）の適用を受けている場合	
地方税	・直近1年分の個人住民税の課税証明書及び納税証明書	
	・納税緩和措置（換価の猶予、納税の猶予又は納付受託）に係る通知書の写し＊納税緩和措置（換価の猶予、納税の猶予又は納付受託）の適用を受けていることが納税証明書に記載されていない場合	
国民健康保険	・国民健康保険被保険者証の写し	
	・国民健康保険料（税）納付証明書	
	・納付（税）緩和措置（換価の猶予、納付の猶予又は納付受託）に係る通知書の写し＊納付（税）緩和措置（換価の猶予、納付の猶予又は納付受託）の適用を受けていることが国民健康保険料（税）納付証明書に記載されていない場合	

Q31

「特定技能1号」に該当する外国人労働者が自己に過失があり、所得税や住民税を支払っていない場合、どのような扱いを受けますか？

Answer 💬

「特定技能」の在留資格を持つ外国人が、自分の意思で所得税や住民税を滞納している場合、在留資格変更許可は不許可となります。

今後、その他の在留資格を有する外国人についても納税義務が厳しくチェックされることになります。

受け入れ機関は、「特定技能1号」の外国人が円滑に納税をおこなうことができるようにするサポートを求められています。とくに在留期間満了時までに翌年納付すべき住民税を外国人に代わって納付することができる支援まで求められます。

国民年金

・被保険者記録照会回答票

・国民年金保険料領収証書の写し（在留諸申請のあった日の属する月の前々月までの24ヶ月分全て）又は被保険者記録照会（納付Ⅱ）

＊国民年金保険料領収証書の写し（在留諸申請のあった日の属する月の前々月までの24ヶ月分全て）を提出する場合は、被保険者記録照会回答票の提出は不要です。

＊国民年金保険料の納付から被保険者記録照会（納付Ⅱ）への納付記録の反映までに時間を要することから、反映前に提出する場合は、被保険者記録照会（納付Ⅱ）に加え、該当する月の国民年金保険料領収証書の写しも提出してください。

留意事項

特定技能外国人から特別徴収をした個人住民税を、特定技能所属機関が納入していないことに起因して、個人住民税の未納があることが判明した場合

0章 はじめに

1章 外国人の採用実務

2章 外国人の入国（在留資格と在留カード）

3章 外国人の入社と届出

4章 新しい在留資格「特定技能」とは？

5章 外国人の労務管理

には、特定技能所属機関が、特定技能基準省令第2条第1項第1号の規定に基づき、労働、社会保険及び租税に関する法令の規定を遵守している旨の基準に適合していないものとして取り扱うこととなり、特定技能外国人本人が納税義務を履行していないものとは評価しません。

　国民健康保険料（税）納付証明書は、特定技能外国人が居住する市区町村（特別区を含む。）へ申請してください。

　被保険者記録照会回答票及び被保険者記録照会（納付Ⅱ）は、日本年金機構の中央年金センター（郵送申請・交付）又は年金事務所（窓口申請・郵便交付）へ申請してください。交付を急ぐ場合は最寄りの年金事務所へ御相談ください。

Q32

「特定技能」の在留資格については、外国人が人材派遣業者と雇用契約を結び、派遣する形態も認められるのですか？

Answer 💬

　改正入管法では、受け入れ企業や団体が外国人と直接雇用契約を結ぶことを原則としています。

　但し、農業や漁業のように繁忙期と農閑期の差が激しく個別では通年での雇用が難しい場合があります。

　このような産業があることから、一部では例外的に人材派遣業者が雇用契約を結び、外国人を複数の事業主に派遣することも認められるようになりました。製造業の一部からも派遣の形での運用を求める声もあることから、今後どのように推移していくか未知数です。

　実務上、農業分野において派遣形態で特定技能外国人の受け入れを行う場合、①から④のいずれかである必要があります。

①農業分野に係る業務又はこれに関連する業務を行っている者であること。

②地方公共団体又は①に掲げる者が資本金の過半数を出資していること。

③地方公共団体の職員又は①に掲げる者若しくはその役員若しくは職員が役員であることその他地方公共団体又は①に掲げる者が業務執行に実質的に関与していると認められる者であること。

④国家戦略特別区域法第 16 条の 5 第 1 項に規定する特定機関であること。

　詳しくは、http://www.moj.go.jp/content/001289496.pdf をご参照ください。

　（農業分野において派遣形態で特定技能外国人の受入れを行う特定技能所属機関に係る誓約書）

0章　はじめに

1章　外国人の採用実務

2章　外国人の入国（在留資格と在留カード）

3章　外国人の入社と届出

4章　新しい在留資格「特定技能」とは？

5章　外国人の労務管理

Q 33

「特定技能1号」の在留資格については、外国人が通算5年以上を上限に働けることとされていますが、この上限は拡大される可能性はありますか？

Answer

日本の人手不足は、少子高齢化を背景に深刻化しています。

改正入管法では、2019年4月のスタートの後、2年後に見直しがされることになっています。おそらく特定産業の数が14からかなり増えることが予想されます。政治判断で、どこまで特定産業が多くなるかは断言できませんが、ほぼ全業種に人手不足が深刻化している状況から、見直しの内容が大きなものとなりそうです。

深刻化する人手不足の中、外国人の手を借りずには経営が成り立たないという声が大きくなれば通算5年の上限についても見直される可能性が高いと考えられます。特定技能2号への変更申請も今後認められる業種が増えると予想されます。業界団体からの強い要望があれば、「特定技能2号」の対象となる業種も増えることになります。

「特定技能2号」を取得して、合計10年間日本で生活をしていると、日本の永住権取得の道が開かれることになり、一部で反対論もありますが、時代の趨勢として、外国人の移民受入れが事実上解禁されていく方向になると思われます。

現在においても、5年間も家族との生活を認めず、「特定技能1号」の5年が満了したら帰国せよという考え方は、日本の身勝手で、人権上問題があるという声が上がっています。今後、法改正されていく可能性もあります。

Q34

「特定技能 1 号」の外国人労働者を雇用する場合、「登録支援機関」が「受入れ機関（企業等）」に加え、外国人労働者の日本での生活や就労の支援を行うことになるようですが、この「登録支援機関」とはどのような組織ですか？

Answer

　登録支援機関とは、改正入管法に規定され、契約に基づいて受入れ企業に代わって外国人労働者でかつ「特定技能 1 号」の対象者に対する支援計画の作成と実施を行う機関になります。支援計画についてはかなり幅広い内容になっており、

---

① 入国前に生活ガイダンスの提供（3時間以上）

② 日本のルールやマナーの説明

③ 日本の厚生年金制度や健康保険制度の説明

④ 在留中の生活オリエンテーションの実施（8時間以上）

⑤ 就業規則や労働基準法の説明

⑥ 日本語習得のバックアップ

⑦ 外国人からの労働に関する相談や生活面での苦情への対応

⑧ 各種行政手続きについての情報提供

⑨ 雇用主の都合による離職時の転職支援

⑩ 「特定技能2号」への変更申請が可能となる場合の情報提供

　等が想定されています。登録支援機関として、業界団体や業界関連の法人等が認められます。支援体制を備えた業界団体、民間企業、弁護士、行政書士、司法書士、社会保険労務士等の幅広い主体が、要件を満たせば登録支援機関として認められます。その他、技能実習制度の監理団体も要件にマッチすれば、「登録支援機関」になることができます。

0章　はじめに

1章　外国人の採用実務

2章　外国人の入国（在留資格と在留カード）

3章　外国人の入社と届出

4章　新しい在留資格「特定技能」とは？

5章　外国人の労務管理

「特定技能1号」では、学歴要件や実務経験の年数は問われますか？

Answer 💬

　基本的に学歴要件は問われません。しかし、「介護」の分野などは、医療や介護の知識が求められるので、原則として看護学校等を卒業していないと特定技能評価試験に合格できないでしょう。実務経験についても、ビルクリーニングなどは経験がなくとも日本語能力試験に合格していれば、簡単な実技試験のみなので、ある程度短期間で誰でも対応可能です。

　しかし、建築や産業用機器のオペレーション業務などは、ある程度の実務経験がないと、技能水準評価試験には合格できないと思われます。

　年齢については、外国人労働者が18歳以上であることが必要です。

Q 36

特定技能評価試験とは何ですか？

Answer

　特定技能評価試験は、「特定技能」の在留資格を取得しようとする外国人が受ける試験で、対象の14業種それぞれの分野で問題が用意されています。

　技能水準を確認する試験とは別に、日本語能力試験も受験することが必要で、日本語能力試験のN4（日常会話レベル）程度の実力のある外国人であれば、合格できる内容になっています。技能実習で3年間の実習を終えた外国人は、職種が同じであれば、特定技能試験ならびに日本語の試験を受けることなく「特定技能1号」の在留資格で働けることになっています。

　すでに、介護、宿泊、外食産業では、2019年から試験が始まりました。17歳以上の外国人が受験できます。受験料金は、業界により異なります。試験の問題数も、業界により分かれますが、合格ラインは、正解率65パーセントが一つの基準となっています。なお、一度試験に合格すると、10年間は「特定技能1号」の技能水準として有効です。

　試験問題のサンプルについては、各業界の試験を実行する組織からインターネット上で公開されています。

　法務省の試験情報サイトは下記をご参照ください。
　http://www.moj.go.jp/nyuukokukanri/kouhou/nyuukokukanri01_00135.html

0章　はじめに

1章　外国人の採用実務

2章　外国人の入国（在留資格と在留カード）

3章　外国人の入社と届出

4章　新しい在留資格「特定技能」とは？

5章　外国人の労務管理

Q37

「特定技能1号」で働く外国人の報酬や待遇において、注意すべき点は何ですか？

Answer

　特定技能外国人の報酬の額については、同等の業務に従事する日本人労働者の報酬の額と同等以上であることが求められています。外国人であるという理由だけで、不当に低くするということは禁じられています。

　また、外国人であることを理由として、報酬の決定・教育訓練の実施・福利厚生施設（福祉住宅、診療施設、保育所、体育館など）の利用その他の待遇について、差別的な取り扱いをしないことがポイントです。

　「特定技能1号」の場合、日本で行おうとする活動を支障なく行うことができる健康状態にあることについて、医師の診断を受けなければならないことになっています。来日した後も、毎年日本人社員と同様の健康診断を受けてもらうことは、忘れてはならない点です。

「特定技能1号」の外国人労働者への配慮　one point advice

　特定技能所属機関は、特定技能外国人から一時帰国の申出があった場合は、事業の適正な運営を妨げる場合等業務上やむを得ない事情がある場合を除き、何らかの有給の休暇を取得することができるよう配慮を求めるものです。例えば、既に労働基準法上の年次有給休暇を全て取得した特定外国人から、一時帰国を希望する申出があった場合にも、追加的な有給休暇の取得や無給休暇を取得することができるよう配慮することが望まれます。

Q38

特定技能の1号を採用する場合、その外国人に1号特定外国人支援計画を作成しなければならないということですが、重要なポイントは何ですか？

Answer 💬

　1号特定技能外国人支援計画については、日本語で作成するほか、1号特定技能外国人が十分に理解することができる言語で作成しなければなりません。実際、支援担当者は、作成した支援計画書の写しを1号特定技能外国人に渡すとともに、その内容について説明をし、署名をもらわないといけません。日本語の説明だと理解が不十分になるので、その対象となる外国人が理解をすることのできる言語で説明し、訳した文書の交付も必要となります。

　もし、社内に通訳のできる人間がいない場合、外部に通訳の依頼をすることになります。

💡「特定技能1号」労働者からの費用の徴収ルール one point advice

　費用の徴収は、各国の法制に従って適法に行われることが前提となりますが、旅券の取得等に要した費用など社会通念上、特定技能外国人が負担することに合理的な理由が認められるものについては、このルールにのっとって、外国の機関が費用を徴収することが求められます。したがって、特定技能所属機関が、職業紹介事業者や外国の機関の関与を経て、特定技能外国人を雇用する場合にあっては、当該特定技能外国人が外国の機関から徴収された費用の額及びその内訳について、特定技能外国人が十分に理解し合意を得た上で、当該費用が徴収されていることを確認することが求められます。

　特定技能外国人が定期に負担する費用のうち食費については、提供される食事、食材等の提供内容に応じて、次のとおり、合理的な費用でなければなりません。

0章 はじめに

1章 外国人の採用実務

2章 外国人の入国（在留資格と在留カード）

3章 外国人の入社と届出

4章 新しい在留資格「特定技能」とは？

5章 外国人の労務管理

・食材、宅配弁当等の現物支給の場合：購入に要した額以内の額となります。
・社員食堂での食事提供の場合：従業員一般に提供する場合に特定技能外国人以外の従業員から徴収する額以内の額となります。
・食事の調理・提供の場合：材料費、水道・光熱費、人件費等の費用の提供を受ける者（特定技能外国人のみに限られない。）の人数で除した額以内の額です。

Q 39

介護福祉士国家試験に合格出来なかった EPA 介護福祉士候補者の外国人は、どのような条件で「特定技能 1 号」に移行することができますか？

Answer

　EPA 介護福祉士候補の外国人は、フィリピン、インドネシア、ベトナムから受け入れられています。現在、日本全国の介護施設で勤務しています。これらの外国人の場合、すでに日本に来る前から日本語研修を受けて一定のレベルに達しています。現場で介護の実務を行っていることも事実です。

　そのため、EPA 介護福祉士候補者として入国し、4 年間にわたり EPA 介護福祉士候補者として、就労・研修に適切に従事した場合、「特定活動 1 号」に移行が可能なケースがあります。

　この条件とは、直近の介護福祉士の国家試験において対象となる外国人が、合格基準点の 50％以上の得点があり、全ての試験科目において得点があることが求められます。この条件を満たしていれば、在留資格変更申請を行うことにより、最長で 5 年の「特定技能 1 号」の在留資格を持ち、介護施設で就労することができます。

　もし、「特定技能 1 号」として介護の施設で働く期間中に「介護福祉士」の国家試験に合格した場合、在留資格「介護」に移行可能になります。「介護」の在留資格を取得してしまえば、在留期間更新の回数制限がなく、介護施設で就労することができます。

技能水準試験を受けて、合格できる外国人のレベルとは？

Answer 💬

外国人が技能実習制度の3年間を無事に修了している場合は、スムーズに「特定技能1号」に移行できるケースが多いのが事実です。

これに対し、技能水準試験を受けて、「特定技能1号」として認められるケースがあります。実際2019月4月以降、特定産業ごとに技能水準試験が行われています。

例えば、1番早い時期に結果が出た外食産業の「特定技能1号」では、460人の受験で347人が合格しており、合格率は75.4%です。4人のうち3人の割合で合格できる基礎的な内容です。2年間外食産業でアルバイト経験のある外国人留学生であればほぼ合格できるラインに到達するようです。

他の特定産業も含め、人手不足が深刻化していることから、基礎的な内容さえ理解していれば合格水準に達する可能性が高いと思われます。

「特定技能1号」の試験制度は下記のサイトから確認できます。

http://www.moj.go.jp/nyuukokukanri/kouhou/nyuukokukanri01_00135.html

日本語能力試験認定の目安

N1	幅広い場面で使われる日本語を理解することができる
N2	日常的な場面で使われる日本語に加え、より幅広い場面で使われる日本語をある程度理解することができる
N3	日常的な場面で使われる日本語をある程度理解することができる
N4	基本的な日本語を理解することができる
N5	基本的な日本語をある程度理解することができる

Q41

1号特定技能外国人の支援計画において事前ガイダンスが求められるとのことですが、外国人労働者に何を説明しなければなりませんか？

Answer

　事前ガイダンスは必ず3時間以上行わなければいけないことになっています。実施方法は対面またはテレビ電話の方法で行う必要があります。外国人が理解できる言語で実施することが必要で、以下の10項目について情報提供を行う必要があります。

> ①従事する業務の内容、報酬の額その他の労働条件に関する事項
> ②日本において行うことができる活動の内容
> ③入国に当たっての手続きに関する事項
> ④保証金の徴収、契約の不履行についての違約金契約等の締結の禁止
> ⑤入国の準備に関し外国の機関に支払った費用について、当該費用の額及び内訳を十分に理解して支払わなければならないこと
> ⑥支援に要する費用を負担させないこととしていること
> ⑦入国する際の送迎に関する支援の内容
> ⑧住居の確保に関する支援の内容
> ⑨相談・苦情の対応に関する内容
> ⑩特定技能所属機関等の支援担当者氏名及び連絡先

　これらの内容を説明した後に1号特定技能外国人から事前ガイダンスの確認書にサインしてもらうようにします。

　この1号特定技能外国人の事前ガイダンスのみを部分的に送出機関に業務委託することも可能です。

1号特定技能外国人の支援計画で適切な住居の確保に係る支援と生活に必要な契約に係る支援をする必要があるそうですが、具体的にどのようなことをするのでしょうか？

Answer

　まず、適切な住居の確保として以下の4点のいずれかを実施する必要があります。

---

①不動産仲介事業者や賃貸物件の情報を提供し、必要に応じて住宅確保に係る手続きに同行し、住居探しの補助を行う。また、賃貸借契約の締結時に連帯保証人が必要な場合に適当な連帯保証人がいないときは、支援対象者の連帯保証人となる又は利用可能な債務保証業者を確保し自らが緊急連絡先となる

②自ら賃借人となって賃貸借契約を締結した上で、1号特定技能外国人の合意の下、住居として提供する。

③所有する社宅等を、1号特定技能外国人に対して住居として提供する。

④情報提供する又は住居として提供する住居の概要（確保予定の場合を含む。）

　居室の広さについても国の基準では1人当たり7.5㎡以上、同居人のいる場合は1人あたり4.5㎡以上というスペースの確保が義務付けられています。

　一方、生活に必要な契約についての支援とは以下の3点のことを指します

銀行その他の金融機関における預金口座又は貯金口座の開設手続きの補助	携帯電話の利用に関する契約手続きの補助	電気・水道・ガス等のライフラインに関する手続きの補助

Q43

1号特定技能外国人の支援計画において生活オリエンテーションの実施が必須条件となっているようですが、どのような事を説明する必要がありますか？

Answer

　生活オリエンテーションは、8時間以上かけて実施することが求められています。外国人労働者が理解できる書面の提供等を行うことも重要です。

　以下の内容を網羅するオリエンテーションの実施が必要です。

①日本での生活一般に関する事項

②法令の規程により外国人が履行しなければならない国又は地方公共団体の機関に対する届出その他の手続きに関する事項及び必要に応じて同行し手続を補助すること

③相談・苦情の連絡先、申出をすべき国又は地方公共団体の機関の連絡先

④十分に理解することができる言語により医療を受けることができる医療機関に関する事項

⑤防災・防犯に関する事項、急病その他の緊急時における対応に必要な事項

⑥出入国又は労働に関する法令規定の違反を知ったときの対応方法その他当該外国人の法的保護に必要な事項

参考となるサイト

外国人が日本で医療を受ける際に役立つウェブサイト

https://www.jnto.go.jp/emergency/jpn/mi_guide.html

　国土交通省により提供されている外国人向け災害時情報提供アプリ「Safety tips」はGoogle PlayやApp Storeでダウンロードできます。

1号特定技能外国人の支援計画において、日本語学習の機会の提供ということが示されていますが、具体的にどのようなことをしなければなりませんか？

Answer

　1号特定技能外国人の日本語能力は、日本語能力検定のN4程度と高くないことから実際に次の①〜③のいずれかを実施することが求められています。

> ①日本語教室や日本語教育機関に関する入学案内の情報を提供し、必要に応じて同行して入学の手続の補助を行う。
> ②自主学習のための日本語学習教材やオンラインの日本語講座に関する情報を提供し、必要に応じて日本語学習教材の入手やオンラインの日本語講座の利用契約手続の補助を行う。
> ③1号特定技能外国人との合意の下、日本語講師と契約して1号特定技能外国人に日本語の講習の機会を提供する。

　外国人の日本語教育の学習教材については日本語試験の問題作成ならびに運営を担当する国際交流基金日本語センターのウェブを参照ください。

https://www.jpf.go.jp/j/urawa/j_rsorcs/manabu.html

　日本語能力試験のサンプル問題は以下のウェブから入手できます。（N1、N2、N3、N4、N5）

https://www.jlpt.jp/samples/forlearners.html

0章　はじめに

1章　外国人の採用実務

2章　外国人の入国（在留資格と在留カード）

3章　外国人の入社と届出

4章　新しい在留資格「特定技能」とは？

5章　外国人の労務管理

Q45

1号特定技能外国人の支援計画の中にある相談又は苦情への対応とはどのようなことですか？

Answer

　1号特定技能外国人は、日本語能力も低いため、さまざまな事柄について相談したいことが発生します。また、職場への適応等の苦情も発生することがあります。そのため、改正入管法においては、相談または苦情への対応が求められています。

---

①相談又は苦情に対し、遅滞なく十分に理解できる言語により適切な対応をし、必要な助言及び指導を行う。

②必要に応じ、相談内容に対応する関係行政機関を案内し、同行する等必要な手続きの補助を行う。

　なお、この相談業務については、直接面談、電話、メール等の方式で対応となります。

　相談・苦情業務のみを外部に委託することも可能になっています。

　対応時間としては就業時間外や休日対応も求められます。夜は20：00までの対応ができることが相談・苦情対応業務の大前提となっています。

相談内容の例

- ・パワーハラスメントがあった
- ・飲み会への参加を強要される
- ・仕事内容を説明してくれない
- ・高価な作業着を買わされた
- ・有給休暇を認めてくれない
- ・昼休みにも働かされる
- ・理解できない契約書のサインを強要される

1号特定技能外国人の支援計画においては、日本人との交流促進に係る支援についても明記する必要があるということですが、具体的にどのようなことですか？

Answer

---

①必要に応じ、地方公共団体やボランティア団体等が主催する地域住民との交流の場に関する情報の提供や地域の自治会等の案内を行い、各行事等への参加の手続の補助を行うほか、必要に応じて同行して各行事の注意事項や実施方法を説明するなどの補助を行う。

②日本の文化を理解するために必要な情報として、就労または生活する地域の行事に関する案内を行うほか、必要に応じて同行し現地で説明するなどの補助を行う。

　上記2点が具体的に特定技能所属機関として実施しなければならない日本人との交流促進支援です。

　ただし、この支援は業務外の事となりますので、外国人労働者の居住地域のボランティア等に部分的に業務委託することもできます。

　例えば東京都内では20の区や市に国際交流協会が設置され、さまざまな活動をおこなっています。下記のサイトを参照ください。

　https://www.tokyo-icc.jp/tonai/

Q 47

1号特定技能外国人の支援計画において、もし会社都合で外国人労働者が離職することになった場合、支援をすることが求められていますが、具体的に何をしなければいけませんか？

Answer

もし、会社の業績悪化や事業内容の縮小等で1号特定技能外国人との雇用関係を終わらせる場合、①〜⑦のことを行わなければなりません。

この支援については、社会保険労務士等に外部委託することも可能です。

> ①所属する団体や関連企業等を通じて次の受け入れ先に関する情報を入手し提供する。
>
> ②公共職業安定所、その他の職業安定機関等を案内し、必要に応じて支援対象者に同行して次の受け入れ先を探す補助を行う。
>
> ③1号特定技能外国人の希望条件、技能水準、日本語能力等を踏まえ、適切に職業相談・職業紹介が受けられるよう又は円滑に就職活動が行えるよう推薦状を作成する。
>
> ④職業紹介事業の許可又は届出を受けて職業紹介を行うことができる場合は、就職先の紹介あっせんを行う。
>
> ⑤1号特定技能外国人が求職活動をするために必要な有給休暇を付与する。
>
> ⑥離職時に必要な行政手続について情報を提供する
>
> ⑦倒産等により、転職のための支援が適切に実施できなくなることが見込まれるときは、それに備え、当該機関に代わって支援を行う者を確保する。

なお、事業主の都合によって離職することになった1号特定技能外国人は、地方出入国在留管理局にその旨を届出することにより、就職活動のため一定期間日本に在留することができます。

0章　はじめに

1章　外国人の採用実務

2章　外国人の入国（在留資格と在留カード）

3章　外国人の入社と届出

4章　新しい在留資格「特定技能」とは？

5章　外国人の労務管理

Q 48

1号特定技能外国人の支援計画において、定期的な面談の実施と行政機関への通報を行うことが明記されていますが、具体的にどのような支援を行う必要がありますか？

Answer 💬

　まず重要なのは、第1号特定技能外国人と定期的に面談できる体制を作り上げることです。最低でも3ヶ月に一回程度の面談を行うことが必要です。定期的に面談するのは、1号特定技能外国人のみだけでなく、その外国人を監督する立場にある人にも実施します。以下の4点が必要とされるチェックポイントです。

---

①1号特定技能外国人の労働状況や生活状況を確認するため、当該外国人及びその監督をする立場にある者それぞれと定期的な面談を実施する。

②再確認のため、生活オリエンテーションにおいて提供した情報について改めて提供する。

③労働基準法その他の労働に関する法令の規定に違反していることを知ったときは、労働基準監督署その他の関係行政機関へ通報する。

④資格外活動等の入管法違反又は旅券及び在留カードの取り上げ等その他の問題の発生を知ったときは、その旨を地方出入国在留管理局に通報する。

　この面談業務については、公平性維持の観点から社会保険労務士等に外部委託した上で行う方がよいでしょう。

Q49

1号特定技能外国人に関しては、徴収費用の説明書を出入国在留管理庁に提出する義務があるとのことですが、内容的にどのようなものですか？

Answer

　この「徴収費用の説明書」は、日本で働く1号特定技能外国人が本当にさまざまな経費と称して事業主から天引きされることを防ぐ書類です。

　まず、特定技能外国人に対する報酬の支払概算額を記します。

　食費について徴収する費用が実費の相当する額その他の適正な額であることの説明を行います。

　居住費については、1ヶ月当たり居住費として徴収する費用その他の費用が適正な額であることの説明を書きます。

　光熱費については実費を書くようにします。

　さらにその他特定技能外国人が定期的に負担する費用がある場合、その費用の内容と負担額を明記します。例えば社宅においてインターネットを使用し、その額を負担してもらうケースなどが該当します。

　なお、この説明書は企業側が責任を持って作成し提出する必要があります。

　徴収費用の説明書フォーマットについては下記より入手できます。

http://www.moj.go.jp/content/001288052.pdf

0章　はじめに

1章　外国人の採用実務

2章　外国人の入国（在留資格と在留カード）

3章　外国人の入社と届出

4章　新しい在留資格「特定技能」とは？

5章　外国人の労務管理

1号特定技能外国人については、日本に上陸する前に健康診断を受けなければならないそうですが、どのような内容のものを行う必要がありますか？

Answer

　外国人労働者が1号特定技能外国人として業務に従事する場合、日本国内に準じた内容の健康診断個人票を提出する必要があります。これは安定的継続的に就労活動を行うことができることを証明するものです。

　外国語の健康診断個人票については、和訳も添付して出入国在留管理庁に提出します。

　基本情報として氏名、生年月日、性別、年齢と検診年月日が必要です。

既　　往　　歴		
自　覚　症　状		
他　覚　症　状		
身　長（　ｃｍ　）		
体　重（　㎏　）		
Ｂ　　Ｍ　　Ｉ		
腹　囲（　ｃｍ　）		
視　力	右	（　　　　）
	左	（　　　　）
聴　力	右　1,000Hz	1　所見なし　　2　所見あり
	4,000Hz	1　所見なし　　2　所見あり
	左　1,000Hz	1　所見なし　　2　所見あり
	4,000Hz	1　所見なし　　2　所見あり
結核等	胸部エックス線検査	直接　　　　　間接 撮影　　　年　　月　　日 No. 所見：

血　　圧　　　　（ｍ　ｍ　Ｈ　ｇ　　）		
貧　血　検　査	血色素量（ｇ／ｄ ℓ）	
	赤血球数（万／㎜³）	
肝機能検査	GOT　　（IU/　ℓ）	
	GPT　　（IU/　ℓ）	
	γ -GTP（IU/　ℓ）	
血中脂質検査	LDL コレステロール （ｍ　ｇ／ｄ　ℓ）	
	HDL コレステロール （ｍ　ｇ／ｄ　ℓ）	
	トリグリセライド （ｍ　ｇ／ｄ　ℓ）	
血　糖　検　査　　（ｍ　ｇ／ｄ　ℓ）		
尿　　検　　査	糖	
	蛋白	
心　電　図　検　査		
そ の 他 の 検 査		
医師の診断		

　医師の診断の欄には、異常なし、要精密検査、要診療等の医師の診断を記入することが必要です。

　この健康診断個人票のフォーマットは下記より入手できます。

http://www.moj.go.jp/content/001288046.pdf

0 章　はじめに

1 章　外国人の採用実務

2 章　外国人の入国（在留資格と在留カード）

3 章　外国人の入社と届出

4 章　新しい在留資格「特定技能」とは？

5 章　外国人の労務管理

分野別方針について（14分野）

	分野	人手不足状況 受入れ見込数（5年間の最大値）（注）	人材基準 技能試験	人材基準 日本語試験	その他重要事項 従事する業務
厚労省	介護	60,000人	介護技能評価試験(仮)等	日本語能力判定テスト(仮)等（上記に加えて）介護日本語評価試験(仮)等	・身体介護等（利用者の心身の状況に応じた入浴，食事，排せつの介助等）のほか，これに付随する支援業務（レクリエーションの実施，機能訓練の補助等）(注)訪問系サービスは対象外　〔1試験区分〕
厚労省	ビルクリーニング	37,000人	ビルクリーニング分野特定技能1号評価試験	日本語能力判定テスト(仮)等	・建築物内部の清掃　〔1試験区分〕
経産省	素形材産業	21,500人	製造分野特定技能1号評価試験(仮)	日本語能力判定テスト(仮)等	・鋳造　・工場板金　・機械検査／・鍛造　・めっき　・機械保全／・ダイカスト　・アルミニウム陽極酸化処理　・塗装／・機械加工　　・溶接／・金属プレス加工　・仕上げ　〔13試験区分〕
経産省	産業機械製造業	5,250人	製造分野特定技能1号評価試験(仮)	日本語能力判定テスト(仮)等	・鋳造　・工場板金　・電子機器組立て／・鍛造　・めっき　・電気機器組立て／・ダイカスト　・仕上げ　・プリント配線板製造／・機械加工　・機械検査　・プラスチック成形／・塗装　・機械保全　・金属プレス加工／・鉄工　・工業包装　・溶接　〔18試験区分〕
経産省	電気・電子情報関連産業	4,700人	製造分野特定技能1号評価試験(仮)	日本語能力判定テスト(仮)等	・機械加工　・機械保全　・塗装／・金属プレス加工　・電子機器組立て　・溶接／・工場板金　・電気機器組立て　・工業包装／・めっき　・プリント配線板製造／・仕上げ　・プラスチック成形　〔13試験区分〕

厚生労働省の問い合わせ先

特定産業分野		
介護	社会・援護局福祉人材確保対策室	03-5253-1111（2125, 3146）
ビルクリーニング	医薬・生活衛生局生活衛生課	03-5253-1111（2432）

経済産業省の問い合わせ先

素形材産業	製造産業局素形材産業室	03-3501-1063
産業機械製造業	製造産業局産業機械課	03-3501-1691
電気・電子情報関連産業	商務情報政策局情報産業課	03-3501-6944
（製造3分野全体）	製造産業局総務課	03-3501-1689

分野別方針について（14分野）

分野	人手不足状況 受入れ見込数（5年間の最大値）(注)	人材基準 技能試験	日本語試験	その他重要事項 従事する業務
国交省 建設	40,000人	建設分野特定技能1号評価試験（仮）等	日本語能力判定テスト（仮）等	・型枠施工　　　・土工　　　　・内装仕上げ ・左官　　　　　・屋根ふき　　／表装 ・コンクリート圧送　・電気通信 ・トンネル推進工　・鉄筋施工 ・建設機械施工　・鉄筋継手 〔11試験区分〕
造船・舶用工業	13,000人	造船・舶用工業分野特定技能1号試験（仮）等	日本語能力判定テスト（仮）等	・溶接　　　　・仕上げ ・塗装　　　　・機械加工 ・鉄工　　　　・電気機器組立て 〔6試験区分〕
自動車整備	7,000人	自動車整備特定技能評価試験（仮）等	日本語能力判定テスト（仮）等	・自動車の日常点検整備，定期点検整備，分解整備 〔1試験区分〕
航空	2,200人	航空分野技能評価試験（空港グランドハンドリング又は航空機整備）（仮）	日本語能力判定テスト（仮）等	・空港グランドハンドリング（地上走行支援業務，手荷物・貨物取扱業務等） ・航空機整備（機体，装備品等の整備業務等） 〔2試験区分〕
宿泊	22,000人	宿泊業技能測定試験（仮）	日本語能力判定テスト（仮）等	・フロント，企画・広報，接客，レストランサービス等の宿泊サービスの提供 〔1試験区分〕

国土交通省の問い合わせ先

建設	土地・建設産業局建設市場整備課	03-5253-8283
造船・舶用工業	海事局船舶産業課	03-5253-8634
自動車整備	自動車局	03-5253-8111（42426，42414）
航空	航空局①航空ネットワーク部航空ネットワーク企画課（空港グランドハンドリング関係）②安全部運航安全課乗員政策室（航空整備関係）	03-5253-8111（①49114）（②50137）
宿泊	観光庁観光産業課観光人材政策室	03-5253-8367

0章　はじめに

1章　外国人の採用実務

2章　外国人の入国（在留資格と在留カード）

3章　外国人の入社と届出

4章　新しい在留資格「特定技能」とは？

5章　外国人の労務管理

分野別方針について（14分野）

	分野	人手不足状況 受入れ見込数（5年間の最大値）(注)	人材基準 技能試験	日本語試験	その他重要事項 従事する業務
農水産省	農業	36,500人	農業技能測定試験（耕種農業全般又は畜産農業全般）(仮)	日本語能力判定テスト(仮)等	・耕種農業全般（栽培管理, 農産物の集出荷・選別等） ・畜産農業全般（飼養管理, 畜産物の集出荷・選別等） 〔2試験区分〕
	漁業	9,000人	漁業技能測定試験（漁業又は養殖業(仮)	日本語能力判定テスト(仮)等	・漁業（漁具の製作・補修, 水産動植物の探索, 漁具・漁労機械の操作, 水産動植物の採捕, 漁獲物の処理・保蔵, 安全衛生の確保等） ・養殖業（養殖資材の製作・補修・管理, 養殖水産動植物の育成管理・収獲(穫)・処理, 安全衛生の確保等） 〔2試験区分〕
	飲食料品製造業	34,000人	飲食料品製造業技能測定試験(仮)	日本語能力判定テスト(仮)等	・飲食料品製造業全般（飲食料品（酒類を除く）の製造・加工, 安全衛生） 〔1試験区分〕
	外食業	53,000人	外食業技能測定試験(仮)	日本語能力判定テスト(仮)等	・外食業全般（飲食物調理, 接客, 店舗管理） 〔1試験区分〕

（注）14分野の受入れ見込数（5年間の最大値）の合計：345,150人

農林水産省の問い合わせ

農業	経営局就農・女性課	03-6744-2162
漁業	水産庁企画課漁業労働班	03-6744-2340
飲食良品製造業	食料産業局食品製造課	03-6744-7180
外食業	食料産業局食文化・市場開拓課	03-6744-7177

2019年4月1日から入国管理局は、「出入国在留管理庁」となりました。業務に就いての情報は、下記のウェブサイトで公開されています。

http://www.moj.go.jp/nyuukokukanri/kouhou/nyukan_index.html

新しい入管法（正式名称：出入国管理及び難民認定法）の条文は下記のウェブサイトで公開されています。

http://www.moj.go.jp/content/001277380.pdf

第5章
外国人の労務管理

01 外国人の労務管理と採用時の説明ポイント

　社会保険は、病気、失業、死亡などの事故が発生したとき、被保険者や被扶養者に対して医療保障や所得保障にかかる保険給付を行うものです。保険給付を行うために必要となる費用については、会社と被保険者から保険料として徴収することになります。これは、外国人の場合であっても変わることはありません。

　外国人を1人でも雇用した場合は、原則として社会保険と労働保険に強制加入することになります。会社が、実際に加入手続きを行うのは、労働保険の場合では、雇用保険と労働者災害補償保険です。社会保険では、健康保険と厚生年金保険です。それぞれの社会保障の意味を外国人社員にわかってもらう必要があります。とくに年金については、保険料を支払うことを嫌う外国人が多いので、法律で決まっていることを説明するようにします。脱退一時金の制度や社会保障協定について案内しておくことがポイントです。(P.194参照)

　以降は外国人を雇用する際に大切な労務管理のポイントを挙げます。

ポイント1　均等な待遇の必要性

　外国人社員を雇用したときに、労務管理の基本原則は、日本人社員と均等な扱いをするということです。労働基準法の第3条に規定があるように、雇用する企業は、外国人労働者の国籍、信条または社会的身分を理由として、賃金、労働時間その他の労働条件について差別することは禁止されています。もし、企業がこの内容に触れる違反をした場合には、6ヶ月以下の懲役または30万円以下の罰金という刑罰を受けることになります。

　とくに、就業規則を外国人向けに分かりやすい方法で説明をすることが重要です。例えば、日本語を読むことができない外国人には、パソコンの自動翻訳機能等を使い、概要を理解してもらうことが重要です。これにより、外国人社員も日本の企業のルールを分かるようになります。（事務手続き一覧はP.205 参照）特に新しい在留資格の「特定技能」については説明すべき内容が非常に多くなっています。さらに、採用した外国人労働者が理解できる言語での説明が義務づけられています。

ポイント2　外国人労働者名簿の作成

　外国人労働者を雇用した場合、本人のパスポートの記載事項や在留カードの記載事項をもとに労働者名簿を作成することが重要です。労働基準法では、事業所ごとに労働者名簿の作成義務がありますが、外国人社員を雇用する場合は、より多くの情報を管理しておく必要があります。出入国在留管理庁向けの在留資格更新申請にも必要となるので、外国人社員のデータは、的確に管理することが求められます。とくに、人事異動等で担当者が変わり、外国人の労務管理、在留管理に混乱が起きないようにすることがポイントです。

① 国籍
② 出身地および家族の連絡先
③ パスポートの番号、有効期限
④ 在留カードの番号、有効期限、在留資格
⑤ 日本国内の住所、電話番号
⑥ 外国人社員の母国語、日本語の能力
⑦ 宗教および食べられないもの等のリスト
⑧ 家族の状況と構成、在留資格、もしくは本国における所在地
⑨ 外国人社員の持つ資格、技能
⑩ 外国人社員の顔写真
⑪ 外国人社員の健康状態を証明する資料
⑫ 外国人社員の年金にかかる関連資料

0章　はじめに

1章　外国人の採用実務

2章　外国人の入国（在留資格と在留カード）

3章　外国人の入社と届出

4章　新しい在留資格「特定技能」とは？

5章　外国人の労務管理

ポイント3　外国人とは文書で雇用契約を結ぶ

　外国人と文書で雇用契約を結ばなくてはいけないことは「労働施策の総合的な推進並びに労働者の雇用の安定及び職業生活の充実等に関する法律」に明記されているので必ず結ぶ必要があります。

　外国人と雇用契約を結ぶにあたっては以下の5点を明示する必要があります。有期契約の場合は、高度人材を除き、3年以内の契約となります。「特定技能1号」については、有期雇用契約で1年ごとの更新で通算5年までとなります。

　雇用契約は文書で保存する必要があります。在留資格更新の際にはそのコピーを出入国在留管理庁に提出しますが、出入国在留管理庁は、労働基準法第15条1項および同法施行規則第5条に基づき労働者に交付される労働条件を明示する文書を求めてきます。この契約書の内容に不備がある場合、労働基準法の定めに達していないと判断されると在留資格の取得は厳しくなります。

---

① 労働契約の期間
② 就業の場所、従事すべき業務
③ 始業、就業の時刻、所定労働時間を超える労働の有無、休憩時間、休日、休暇
④ 賃金、賃金の計算及び支払い方法、賃金の締切日、支払いの時期、昇給に関する事項
⑤ 退職に関する事項

ポイント4　賃金に関する説明

　外国人社員を雇用した後に、説明不足のためにトラブルとなるのは、社会保険料や労働保険料の控除についてです。契約上、日本人と同じに扱う必要があるわけですから、当然、これらの保険料も控除されるのが筋なのですが、外国人からは、契約の金額よりも手取りが低い、このような保険は契約した

覚えがないので、払いたくないというクレームをよく聞きます。企業の労務担当者は、これらの保険料が法律で決められ、会社側に加え、従業員側にも負担が生じるものであるという知識を入社時の研修等で、教えておくことが重要です。とくに「**特定技能**」の在留資格で来日した外国人については、日本語能力が低いので、理解できる言語で説明する必要があります。

もし、企業内で賃金控除に関する労使協定書が結ばれている場合、その内容を、外国人社員が理解できるように説明しなければなりません。

とくに重要な事は、日本人社員と同様に「**通貨払いの原則**」、「**直接払いの原則**」、「**全額払いの原則**」、「**毎月1回以上払いの原則**」、「**一定期日払いの原則**」の5原則を守ることです。

ポイント5　外国人社員の非常時払いの対応

外国人社員の場合には、単身赴任の形で、日本で働いているケースもあります。そのため、外国人社員の収入により生計を維持している家族の出産、疾病、災害、結婚、死亡などの事由で、帰郷の費用が必要になったため請求があった場合には、賃金の支払い期日の前でも、すでに働いた分の賃金について支払う義務があります。労働基準法25条の規定はそのまま外国人の賃金の非常時払いにも適用されます。

ポイント6　休日に関する説明

6ヶ月継続して勤務した場合、外国人社員が全労働日の8割以上の割合で勤務した実態がある場合、その後1年間に10労働日の有給休暇を与えなければならないのは、日本人社員と同様です。契約の更新により、継続して6ヶ月を超えた場合にも、この条件は該当しますので注意が必要です。

外国人を委任契約や業務請負のような契約形態で雇っている場合でも、実際には、使用者との間に指揮命令関係が認められ、仕事が外国人の裁量で決められない場合は、法的には労働契約と評価されます。

クリスマス休暇や、旧正月など、文化の違いから日本人社員と違う時期に休みを希望する場合もありますので、会社としてどこまで柔軟にそのリクエ

0章　はじめに

1章　外国人の採用実務

2章　外国人の入国（在留資格と在留カード）

3章　外国人の入社と届出

4章　新しい在留資格「特定技能」とは？

5章　外国人の労務管理

ストに応えられるのかを説明しておくことも重要です。

2019年4月より義務化された有給休暇5日間の取得義務化ですが、外国人の場合は母国の行事などを優先して与えた方が喜ばれます。

外国人を雇用する際に、労働契約の中で、法定労働時間の1日あたり8時間、1週間あたり40時間というラインを厳守しなくてはなりません。ところが、日本の企業には、サービス残業的な要素の労働時間が多く存在するために外国人とトラブルが起きることがあります。フレックスタイムを採用している場合なども、コアタイムを含め、制度を説明しておかないと不信感を招くことになります。

外国人社員の場合は、権利と義務に敏感なケースが非常に多いので、給与と直結する労働時間の管理に関しては、労務管理上トラブルを避けるような配慮が必要です。分かりやすい言葉、あるいは母国語での説明対応が求められます。

通常、企業で採用する外国人は、1年以上の雇用が予定されるケースが多いので、所得税法上居住者となります。在留カードを所持して、企業で勤務をしているのであれば、居住者とされます。外国人社員で居住者に該当する場合は、日本人社員と同じくすべての給与から源泉徴収することが必要になります。

一方、日本に年間183日未満しか滞在しないで、大半が本国にいるような場合は、非居住者として扱われます。この非居住者として扱われる外国人労働者の場合は、日本において勤務したことによる給与が、国内源泉所得に該当し、企業側は支払いの時に20%強の税率により源泉徴収することになります。

また、日本国内に住所があり、1年以上の在留が予定されている者は、前年の所得に対して、その翌年、道府県税、市町村民税（または都民税および

特別区民税）が課税されることになります。

　外国人は、入社前に契約した額から20％強も受取り額が減ってしまうことに困惑します。日本の場合、税金（所得税と住民税）、社会保険料（雇用保険、健康保険、厚生年金保険）の合計で引かれてしまうので、かなりの負担になります。この点、外国人であっても負担義務が生じてしまい、免れることができないことを伝える必要があるでしょう。

　出入国在留管理庁の審査においては、とくに住民税の納税証明が、前年1年間の所得証明となる重要な証明書類の位置づけですから、必ず支払う必要があるものであることを外国人社員に理解してもらうことが重要です。

ポイント9　在留カードの更新

　外国人が、企業で働いている中で、労務管理上忘れてはいけないのは、在留カードの更新です。在留カードには、有効期限があり、その満了日の3ヶ月前から更新を行うことが可能です。

　企業等の人事担当者は、必ず、雇用した外国人の在留カードの期限を把握し、適切な時期に在留カードの切り替えを行う手助けをしなくてはなりません。

　更新にあたっては、カテゴリーにより提出資料は異なりますが、会社側の証明資料も提出を求められますので、雇用契約書や財務諸表の写し等、更新に必要な資料を用意するとともに、外国人の納税証明書の取得等も手伝うことが重要です。提出書類の中で重要なのは、カテゴリーを証明するために使用される前年分の給与所得の源泉徴収票等の法定調書合計表の写しです。原則として、この写しがないと更新申請手続きはできません。

　とくに、複数の外国人を雇っている企業の場合は、更新のタイミングを確実に把握していないと、在留期限を忘れてオーバーステイの状態になってしまう危険性があるので注意が必要です。

ポイント10　外国人にも労災保険が適用される

　労災保険は、その性格上、会社に雇用されるすべての労働者を対象としています。当然、外国人労働者も労災保険の対象となります。労災保険の保険

料は、会社の全額負担であり、社員には負担がありません。この点も外国人を雇用する際には説明を要するポイントです。外国人の場合は、言葉の問題が原因で、労災に係る事故を起こしやすいので、労働者を保護するためにこのような制度があるということを教えるようにしてあげてください。とくに新しい在留資格「特定技能」は労災リスクの高い業種が多いので、労働災害予防のマニュアルを母国語等で準備することが重要なポイントです。

COLUMN　確定申告が必要となる外国人とは？

　外国人にとって分かりにくいのが、日本の確定申告の制度です。所得税法上の義務を果たしていないと永住権申請などで問題視されますので、注意が必要です。

- ・フリーランスとして企業と業務委託契約している。
- ・給与の収入金額が 2,000 万円を超える。
- ・給与を 1 ヵ所から受けていて、各種の所得金額（給与所得、退職所得を除く）の合計金額が 20 万円を超える。
- ・給与を 2 ヵ所以上から受けていて、年末調整をされなかった給与の収入金額と、各種の所得金額（給与所得、退職所得を除く）との合計額が 20 万円を超える。
- ・自ら不動産経営を行い、所得がある。
- ・公的年金の受給額が 400 万円を超えている、または公的年金以外の所得が年間 20 万円以上である。

　上記に該当する場合、日本に在留している外国人は確定申告をする義務があります。注意しなければならないのは「外国税額控除」です。日本では所得に対する二重課税を防ぐために、一部の国と租税条約を結んでおり、すでに日本国外において所得があり、海外で納税をしたにも関わらず日本でも課税対象となっているものについては、その納税済みの税額を日本で支払うべき税額から差し引くことが認められています。

　日本と租税条約を締結している国は、財務省のウェブサイトに載っています。

02 外国人でも保険料を負担しなければならない公的保険があることを教える

>> Chapter 5　外国人の労務管理

1 外国人労働者でも保険料の本人負担が発生する公的保険が4つある

　労災保険の場合は、本人負担はありませんが、会社負担だけではなく、本人も保険料を負担しなければならない保険が4つあることを外国人社員に教えることが必要です。

　正直、日本の公的保険の保険料の本人負担に対して拒絶反応を示す外国人も多いのが実情です。しかし、日本の企業で働くからには、労働保険の「**雇用保険**」、社会保険の「**健康保険**」、「**介護保険**」、「**厚生年金保険**」の合計4つの保険について、外国人労働者であっても本人に保険料の負担が発生します。ただし、介護保険料は、40歳以上の外国人社員の場合だけです。

　日本人の入社時と同様に、雇用保険の被保険者資格取得の届出、健康保険、厚生年金の取得の手続き、健康保険被保険者証の交付の手続きをしなければなりません。ただし、外国人の在留資格が『企業内転勤』の場合は、雇用保険については適用されません。

　一般に、業績悪化など企業の都合で外国人社員を解雇した場合などは、外国人であっても、失業等給付をもらうことができます。日本で、働き続けたいという意思と能力があれば、在留資格の期限内、就職活動を続けることができます。また、失業等給付を受給している期間が続いているのであれば、在留期限が来たときに、『**短期滞在**』もしくは『**特定活動**』への在留資格変更が認められ、求職活動を日本で続けることを許される場合があります。

0章　はじめに

1章　外国人の採用実務

2章　外国人の入国（在留資格と在留カード）

3章　外国人の入社と届出

4章　新しい在留資格「特定技能」とは？

5章　外国人の労務管理

　社員の国際化が進む中で、人事採用者にとって必要となる知識が社会保障協定です。日本は、ドイツ、イギリス、ハンガリー、インド、ルクセンブルクなど現在まで 19 の国と社会保障協定を結んでいます。その数は少しずつ増えています。現在、社会保障協定発効準備中の国はイタリアと中国です。この制度の場合、日本での年金加入期間が外国人本国の年金加入期間と合算されることになります。ただし、この協定は、国によって内容が異なるので、日本年金機構（年金事務所）での確認を行ってから手続きをするようにしてください。

　また、社会保障協定を結んでいない国から来た外国人のためには、脱退一時金という制度もあります。この制度は、日本の企業において 6 ヶ月以上働き、厚生年金保険料を払っていた場合に対象となります。外国人が日本出国後、2 年以内に日本年金機構に請求をすることにより、日本で働いた期間で、給与や賞与から天引きされた厚生年金保険料が、3 年分を上限として払い戻しされる制度です。外国人の間では、年金リファンドというような呼び名を使っている人もいます。実際、アジアの国との社会保障協定の締結に関しては、これから本格化しますので、当面は、脱退一時金を利用するケースも多く存在することになります。残念ながら上限が 3 年ということで、拒絶反応を示す外国人も多く、説明しても納得してもらえないこともあるかもしれません。ただし、この制度の利用は、1 回に限定されていないので、3 年働き、脱退一時金を請求し、その後、日本に再来日し、また 3 年働いて脱退一時金を再度請求するということは可能です。さらに現在、脱退一時金の上限はさらに延長が検討され、近い将来 5 年以上の上限となる予定です。

　脱退一時金請求書に添付しなければならないのは、次の 3 点です。

---

① パスポートの写し
② 請求者本人の銀行口座名義を確認できる書類
③ 年金手帳

　なお、パスポートの写しには日本を出国した年月日、氏名、生年月日、国籍、署名が確認できるページを含むものとします。これに加え、在留カードの写し（あるいは以前の在留資格を証明する資料）を求められます。

③ 19 の国と結ばれている社会保障協定 »

　協定の対象となる社会保障制度は次の表のように協定相手国により異なります。脱退一時金を受取ると、社会保障協定を結んでいる場合でも、その期間を通算することができなくなるので注意しましょう。対象となっていない制度については、二重加入となり、それぞれ加入手続きが必要です。

相手国	協定発効日	期間通算	二重防止の対象となる社会保障制度	
			日本	相手国
ドイツ	平成 12 年 2 月	○	公的年金制度	公的年金制度
イギリス	平成 13 年 2 月	-	公的年金制度	公的年金制度
韓国	平成 17 年 4 月	-	公的年金制度	公的年金制度
アメリカ	平成 17 年 10 月	○	公的年金制度 公的医療保険制度	社会保障制度 （公的年金制度） 公的医療保険制度 （メディケア）
ベルギー	平成 19 年 1 月	○	公的年金制度 公的医療保険制度	公的年金制度 公的医療保険制度 公的労災保険制度 公的雇用保険制度
フランス	平成 19 年 6 月	○	公的年金制度 公的医療保険制度	公的年金制度 公的医療保険制度 公的労災保険制度
カナダ	平成 20 年 3 月	○	公的年金制度	公的年金制度 ※ケベック州年金制度を除く

0章 はじめに
1章 外国人の採用実務
2章 外国人の入国（在留資格と在留カード）
3章 外国人の入社と届出
4章 新しい在留資格「特定技能」とは？
5章 外国人の労務管理

国名	発効年月		日本からの派遣者	相手国からの派遣者
オーストラリア	平成 21 月 1 月	○	公的年金制度	退職年金保障制度
オランダ	平成 21 月 3 月	○	公的年金制度 公的医療保険制度	公的年金制度 公的医療保険制度 雇用保険制度
チェコ	平成 21 月 6 月 （※）	○	公的年金制度 公的医療保険制度	公的年金制度 公的医療保険制度 雇用保険制度
スペイン	平成 22 月 12 月	○	公的年金制度	公的年金制度
アイルランド	平成 22 月 12 月	○	公的年金制度	公的年金制度
ブラジル	平成 24 月 3 月	○	公的年金制度	公的年金制度
スイス	平成 24 月 3 月	○	公的年金制度 公的医療保険制度	公的年金制度 公的医療保険制度 雇用保険制度
ハンガリー	平成 26 月 1 月	○	公的年金制度 公的医療保険制度	公的年金制度 公的医療保険制度 雇用保険制度
インド	平成 28 月 10 月	○	公的年金制度	公的年金制度
ルクセンブルク	平成 29 月 8 月	○	公的年金制度 公的医療保険制度	公的年金制度 公的医療保険制度 公的労災保険制度 公的雇用保険制度
フィリピン	平成 30 月 8 月	○	公的年金制度	公的年金制度
イタリア	発効準備中	-	公的年金制度 公的医療保険制度	公的年金制度 公的医療保険制度
スロバキア	令和元年 7 月	○	公的年金制度	公的医療保険制度 公的労災保険制度 公的雇用保険制度
中国	発効準備中	-	公的年金制度	公的年金制度
スウェーデン	発行準備中	-	公的年金制度	公的年金制度

「日本年金機構ホームページ（2019 年 7 月現在）」より

03 外国人も必ず行わなくてはいけない「住民登録」

>> Chapter 5　外国人の労務管理

1 | 外国人であっても3ヶ月以上在留する場合は住民登録が必要 »

　日本に3ヶ月を超えて在留する外国人については、住民登録をすることが義務付けられています。2012年7月以降、在留カードが登場したため、このカードを持っている外国人は住民登録の義務が生じます。外国人の住民登録は、居住地の市区町村で行います。住民登録が済むと、在留カードには住民登録の情報も記載されます。外国人にも『住民票』が発行されます。企業等の担当者も記載内容を確認しておく必要があります。『在留カード』を所有している外国人は、常時携帯しなければなりません。

　『在留カード』は、出入国在留管理庁が情報の一元管理をするので、市区町村は役割が変わります。ただし、住所変更の手続きについては、住民基本台帳法の定めで市区町村経由となり、専用のオンラインで出入国在留管理庁と情報のキャッチボールが行われます。（P.69参照）

2 | 外国人の住所地への届出について »

　3ヶ月を超えて在留する外国人の住所地の届出手続きは、次の3つに分類されます。なお、いずれの手続きにおいても、届出は地方出入国在留管理局ではなく、居住地の地区町村で行います。

①新規上陸後の住居地の届出手続き

　出入国港で新規の上陸許可に伴い交付された在留カード、または「在留カードを後日交付する」旨の記載がなされた旅券（以下「在留カード等」といいます。）を所持する中長期在留者は、居住地を定めた日から14日以内に、在

0章　はじめに

1章　外国人の採用実務

2章　外国人の入国（在留資格と在留カード）

3章　外国人の入社と届出

4章　新しい在留資格「特定技能」とは？

5章　外国人の労務管理

留カード等を持参の上、住居地の市区町村の窓口でその住居地を法務大臣に届出なければなりません。

なお、在留カード等を提出して住民基本台帳制度における転入届をしたときは、転入届が住居地の届出とみなされます。転入届をすることにより、外国人にもマイナンバーが発行されます。この有効期限は、在留カードの有効期限と同じです。

②在留資格変更等に伴う住居地の届出手続き

これまで中長期在留者ではなかった外国人で、在留資格変更、在留期間更新、在留資格取得等の在留資格に係る許可を受けて、新たに中長期在留者となった者は、住居地を定めた日（既に住居地を定めている者は、当該許可の日）から14日以内に、在留カードを持参の上、住居地の市区町村の窓口でその住居地を法務大臣に届出なければなりません。

なお、在留カードを提出して住民基本台帳制度における転入届をしたときは、転入届が住居地の届出とみなされます。

③住居地変更の届出手続き

住居地の変更をした中長期在留者は、変更後の住居地に移転した日から14日以内に、在留カード等を持参の上、変更後の住居地の市区町村の窓口でその住居地を法務大臣に届出なければなりません。

なお、在留カードを提出して住民基本台帳制度における転入届または転居届をしたときは、これらの届出が住居地の届出とみなされます。この手続きにより、外国人にもマイナンバーが付与されます。

3 外国人住民に係る住民票を作成する対象者について　》

基本的な考え方としては、観光などの短期滞在者等を除いた、適法に3ヶ月を超えて在留する外国人であって住所を有する者について住民票を作成することとしており、次の4つに区分されます。

①中長期在留者（在留カード交付対象者）

わが国に在留資格をもって在留する外国人で、3月以下の在留期間が決定された者や短期滞在・外交・公用の在留資格が決定された者等以外の者。

②特別永住者

入管特例法により定められている特別永住者。

③一時庇護許可者または仮滞在許可者

改正入管法の規定により、船舶等に乗っている外国人が難民の可能性がある場合などの要件を満たすときに一時庇護のための上陸の許可を受けた者（一時庇護許可者）や、不法滞在者が難民認定申請を行い、一定の要件を満たすときに仮に我が国に滞在することを許可された者（仮滞在許可者）。

④出生による経過滞在者または国籍喪失による経過滞在者

出生または日本国籍の喪失により我が国に在留することとなった外国人。改正入管法の規定により、当該事由が生じた日から60日に限り、在留資格を有することなく在留することができます。

4 | 脱退一時金の手続き

脱退一時金は、①～④の条件すべてに該当する外国人が、日本を出国後2年以内に請求したとき支給されます。

①日本国籍を有していないこと

②国民年金第1号被保険者としての保険料納付済期間の月数と保険料4分の1免除期間の月数の4分の3に相当する月数、保険料半額免除期間の月数の2分の1に相当する月数、及び保険料4分の3免除期間の月数4分の1に相当する月数とを合算した月数、または厚生年金保険の被保険者期間の月数が6月以上であること

③日本に住所を有していないこと

④年金（傷害手当金を含む）を受ける権利を有したことがないこと

請求先は日本年金機構本部で、本人または代理人が脱退一時金請求書を提出します。電子申請か郵送の方法が選べ、本人が就労以外の目的（短期滞在等）で再来日したときは、窓口でも受け付けが可能です。

https://www.nenkin.go.jp/service/jukyu/todoke/kyotsu/20150406.html

0章　はじめに

1章　外国人の採用実務

2章　外国人の入国（在留資格と在留カード）

3章　外国人の入社と届出

4章　新しい在留資格「特定技能」とは？

5章　外国人の労務管理

　外国人が退職した場合の手続きはどうなるのでしょうか？

　自己都合退職という形でやめていく場合でも、会社は一定の手続きをしなければなりません。出入国在留管理庁への届けも必要になります。ただし、現在では、出入国在留管理庁への届けは、「労働施策の総合的な推進並びに労働者の雇用の安定及び職業生活の充実等に関する法律」で定められているハローワークへの届出代用することができます。ハローワークのコンピューターネットワークと出入国在留管理庁のコンピューターネットワークがつながっているので、情報の共有化がされているからです。

　外国人が転職をする際に退職証明書が必要になることもあります。退職証明書は、外国人社員から求められた場合、労働基準法上定められているとおりに発行する必要があります。

　外国人労働者の意思に反する形で、会社都合で一方的に労働者との雇用契約を解約する解雇の場合は注意が必要です。例えば、3年間の契約で、IT技術者として外国人を雇用したけれども、2年後に業績の悪化により解雇したケースなどが該当します。会社都合で一方的に解雇された場合、外国人も在留期限内は日本において就職活動を行う権利があるので、その手助けをすることが求められます。

　このような事例では、ハローワークで、外国人も失業者として給付を受けることができます。その手続きについて案内することまでしなければ、外国人社員への責務を果たしたことにはなりません。リーマンショックの後に、一部の外資系金融機関が多くの外国人を解雇して、その後その人間と個人事業主として請負契約を結び、解雇する前に担当させていた業務を以前より4割も安い報酬で行わせるといった労働基準法違反とされるような事例もありました。このような事例を踏襲するようなことは避けなければなりません。外国人のための相談センター等の所在地も案内し、何らかの形でサポートをしていくことが重要です。

5 **外国人社員への適用に関する主な事務手続き一覧（社会保険関係）** »

※健…健康保険のみに関する手続き
※厚…厚生年金保険のみに関する手続き

事例		届書・申請書の名称	提出期間	提出者
被保険者	従業員を採用したとき	被保険者資格取得届	5日以内	事業主
	事業所が適用事業になったとき	被保険者資格取得届	5日以内	事業主
	被保険者が退職または死亡したとき	被保険者資格喪失届	5日以内	事業主
	被保険者（被扶養配偶者）の住所に変更があったとき	被保険者住所変更届（被扶養配偶者についての第3号被保険者住所変更届と複写式）※健保組合の場合は所属の組合にご確認ください。	速やかに	事業主
	被保険者の氏名に変更や誤りがあったとき	被保険者氏名変更（訂正）届	速やかに	事業主
	被保険者の生年月日に変更や誤りがあったとき	被保険者生年月日訂正届	速やかに	事業主
	被保険者が2カ所以上の事業所に使用されるようになったとき	被保険者所属選択・二以上事業所勤務届	10日以内	事業主
	被保険者が育児休業または育児休業の制度に準ずる休業を取得したとき、またはその終了予定日を延長するとき	育児休業等取得者申出書（新規・延長）	速やかに	事業主
	被保険者が育児休業または育児休業の制度に準ずる休業を終了予定日より前に終了するとき	育児休業等取得者終了届	速やかに	事業主
	被保険者が75歳になったとき	被保険者資格喪失届	5日以内	事業主
	被保険者が刑事施設に収容された（出所した）とき	健康保険法第118条第1項該当（非該当）届	5日以内	事業主
	事業所を退職してからも引き続き健康保険の被保険者となっていたとき	健康保険任意継続被保険者資格取得申請書	20日以内	事業主
	厚生年金被保険者の種別に変更があったとき	厚生年金保険被保険者種別変更届	14日以内	事業主
	被保険者が70歳になったとき	厚生年金保険被保険者資格喪失届 70歳以上被用者該当届	5日以内	事業主

	事例	届書・申請書の名称	提出期間	提出者
	老齢給付の資格期間を満たすまで、70歳以降も厚生年金に加入したいとき	厚生年金保険高齢任意加入被保険者資格取得申出・申請書	そのつど	被保険者
	厚生年金保険の任意単独被保険者になりたいとき	厚生年金保険任意単独被保険者資格取得申請書	そのつど	被保険者

※平成19年4月から、70歳以上の被用者にも65歳以上の在職老齢年金が支給されることになったことに伴い、70歳以上の被用者の雇用、退職および報酬額に関する届出が必要となっています。

	事例	届書・申請書の名称	提出期間	提出者
被扶養者	採用した従業員に被扶養者がいるとき、被扶養者に異動があったとき	被扶養者（異動）届	5日以内	被保険者（事業主経由）
被扶養者	被扶養者が被保険者から遠く離れて住むとき（保険証が世帯単位に交付されている場合）	遠隔地被保険者証交付申請書	5日以内	被保険者（事業主経由）
事業主	事業主がほかの人に変わったとき、事業主の氏名または住所、電話番号、事業の種類に変更があったとき、事業主が行う事務について、代理人を選任したり、解任したとき	事業所関係変更（訂正）届	5日以内	事業主
事業主	事業所の名称または所在地に変更があったとき	適用事業所所在地・名称変更（訂正）届	5日以内	事業主
加入・脱退	強制適用の事業所になったとき	新規適用届	5日以内	事業主
加入・脱退	事業所が休業または解散したとき	適用事業所全喪届	5日以内	事業主
加入・脱退	強制適用以外の事業所が任意適用を受けたいとき	任意適用申請書	そのつど	事業主
加入・脱退	任意適用事業所が脱退するとき	任意適用取消申請書	そのつど	事業主
報酬	7月1日現在の被保険者の報酬を届出るとき（定時決定）	被保険者報酬月額算定基礎届 被保険者報酬月額算定基礎届総括表	毎年7月1日～10日まで	事業主
報酬	固定的賃金の変動によって報酬に著しい変動があったとき（随時改定）	被保険者報酬月額変更届	ただちに	事業主
報酬	育児休業等を終了した被保険者の報酬が下がり標準報酬月額を改定するとき（育児休業等終了時改定）	育児休業等終了時報酬月額変更届	ただちに	事業主
報酬	被保険者が3歳未満の子を養育しながら働いているとき	厚生年金保険養育期間標準報酬月額特例申出書	子の養育を開始したとき	事業主

賞与	賞与等を支払ったとき	被保険者賞与支払届 被保険者賞与支払届総括表	5日以内	事業主
	同一年度内で転職・転勤等により被保険者資格取得・喪失があった人の標準賞与累計額（保険者ごと）が540万円を超えたとき	健康保険標準賞与額累計申出書	そのつど	被保険者 （事業主経由）
被保険者証・年金手帳	被保険者証をなくしたとき、き損したとき、余白がなくなったとき	健康保険被保険者証再交付申請書	ただちに	被保険者 （事業主経由）
	高齢受給者証をなくしたとき、き損したとき	高齢受給者証再交付申請書	ただちに	被保険者 （事業主経由）
	年金手帳をなくしたとき、き損したとき	年金手帳再交付申請書	ただちに	被保険者 （事業主経由）
	年金手帳を2冊以上持っているとき（基礎年金番号を複数持っているとき）	基礎年金番号重複取消届	ただちに	被保険者 （事業主経由）
国民年金	被扶養配偶者が第3号被保険者に該当したとき、第3号被保険者が死亡、氏名変更等のとき	第3号被保険者資格取得・種別変更・種別確認（3号該当）・資格喪失・死亡氏名・生年月日・種別変更（訂正）届	14日以内	第3号被保険者 （事業主経由）
介護保険	被保険者または被扶養者が介護保険第2号被保険者の適用除外に該当した（該当しなくなった）とき	介護保険適用除外等該当・非該当届	ただちに	被保険者 （事業主経由）
後期高齢者医療	被保険者または被扶養者が後期高齢者医療制度の障害認定を受けたとき、またはこれに該当しなくなったとき、または認定を撤回したとき	被保険者の場合は、被保険者資格喪失届または被保険者資格取得届	5日以内	事業主
		被扶養者の場合は、被扶養者（異動）届	5日以内	被保険者 （事業主経由）

※日本と医療保険を含む社会保障協定を結んでいる国の方で、本国政府からの社会保険加入証明書（適用証明書）の交付を受けている方は、日本の公的医療保険の対象外です。
日本では、アメリカ・ベルギー・フランス・オランダ・チェコ・スイス・ハンガリー・ルクセンブルクと締結しています（2019年5月現在）。

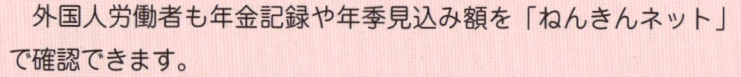

COLUMN 外国人労働者の年金記録や年季見込み

　外国人労働者も年金記録や年季見込み額を「ねんきんネット」で確認できます。

　「ねんきんネット」は、パソコンやスマートフォンから自分自身の年金情報を手軽に確認できるサービスです。日本年金機構が運営しています。

①自分自身の年金記録の確認
②将来の年金見込額の試算
③電子版「ねんきん定期便」の閲覧
④日本年金機構から郵送される各種通知書の確認や再交付申請など

ねんきんネットに登録するためには、

・アクセスキー（アクセスキーは、ねんきん定期便に記載されている 17 ケタの番号です。）
・基礎年金番号（ブルーの年金手帳に記載されている 10 ケタの番号です。）
・氏名・生年月日・性別
・郵便番号・住所
・メールアドレス

　アクセスキーを持っていない場合は、利用登録をすると 5 日程度で「ねんきんネット」ユーザー ID を記載したハガキが自宅に送られてきます。ユーザー ID と記載のパスワードを使用して「ねんきんネット」へログインできます。

問い合わせ番号：0570-058-555（ねんきん定期便専用ダイヤル）
または：03-6700-1144（一部の IP 電話及び PHS から）

おわりに

　1989 年から始まった平成の時代はまさに少子高齢化の加速した時代でした。2019 年から始まった令和の時代は少子化による労働力不足を受け、日本社会がより多くの外国人労働者を受け入れることになるでしょう。

　現在、日本では、270 万人以上の外国人が、在留カードを所持して生活しています。今後、日本で少子高齢化が進行すればするほど、外国人の数が増えていくことは、ほぼ間違いないでしょう。まだ、日本における外国人の就労数は労働力人口の 2％にしかすぎません。2019 年 4 月からは入管法改正により、第 3 の開国といわれる「特定技能」の在留資格を持つ外国人労働者の受け入れもはじまりました。少子高齢化が予想以上のスピードで進み、この流れはもう止めることは出来ません。

　スポーツの世界でも、TV タレントの世界でも、外国人の活躍は目覚しいものがありますし、国際結婚により生まれた子供が、日本を代表するスターとして国際的な舞台で活躍している時代です。

　今後、30 年で 1,000 万人以上の外国人が日本で生活することになるでしょう。人口の減少により、高齢者ばかりで活力に乏しい国となっては、日本の未来は拓けて来ません。日本の社会保障制度の崩壊を防ぐ意味でも、若年層の人口をある程度維持しなくては、制度そのものが機能しなくなることは間違いありません。

　時代の流れで日本企業の多くも、今後国際的な競争力をいかに高めていくかが大きな課題です。人事戦略の中で、新しい市場開拓のためにいかに外国人労働者を活用するかが、成長の鍵を握るようになってきました。

　企業が、外国人を雇用するにあたり、実務上どのような点に注目すればいいのかポイントを絞り、本書では解説してきました。必ずしも自社のケースに当てはまるかどうか、理解できなかった部分もあるかもしれません。説明不足の部分については、お問い合わせ頂ければ個別に対応させて頂きます。

　読者のために、質問には電子メールでお答えしておりますので、外国人雇

用に関する在留資格取得に関することや労務管理についてお気軽にご相談ください。メールは、jimu@tokyointernational.jp までお願いします。

行政書士の業務の一つとしての出入国在留管理庁への申請取次ぎ制度があります。申請取次ぎ制度では、企業の担当者や採用予定の外国人が出入国在留管理庁に行かないで手続きを進めることができます。当事務所では、東京都とその周辺地域の企業が外国人労働者を採用予定の場合、出入国在留管理庁への就労系の在留資格取得の申請に関連した実務についても対応しています。

社会保険労務士としての業務では「外国人の雇用管理」が非常に大きなテーマとなり、就業規則の作成や雇用契約書の作成も行っています。さらに外国人の受ける研修費用等に関する助成金の申請業務についてもサポートしております。

また、有料になりますが、直接お会いしての外国人の在留資格申請や雇用管理全般にわたるコンサルテーションも行っています。東京メトロ大手町駅から徒歩4分ほどの場所にある社会保険労務士法人東京国際事務所で対応いたします。メールで予約の上ご利用ください。

行政書士・社会保険労務士　佐藤正巳

行政書士佐藤正巳事務所は登録支援機関（※）として登録されています。【19登-001006】

詳細は法務省出入国在留管理庁のホームページをご覧ください。
http://www.moj.go.jp/nyuukokukanri/kouhou/nyuukokukanri07_00205.html

※登録支援機関の役割

特定技能所属機関は1号特定技能外国人の支援計画に基づいて支援を行わなければなりません。ただし、登録支援機関に支援計画の全部の実施を委託することができます。登録支援機関として認められた法人や協同組合、士業等は毎月増えており、上記サイトから検索することができます。

● 行政書士・社会保険労務士　佐藤正巳　Masami Sato

　成城大学経済学部経営学科を1985年に卒業し、その後大手精密機器メーカーの営業を経験。アメリカに2年3ヶ月留学し、ニューヨーク市立大学院で経営学を学ぶ。帰国後、税務関連・健康関連の出版社で編集・企画などの幅広い業務を担当。経営企画室長を経た後、健康用品販売の会社を設立する。2007年度の行政書士試験に合格し、2008年4月に東京都千代田区内神田に行政書士事務所を開設。その後2015年度の社会保険労務士試験に合格し、2016年10月に社会保険労務士法人東京国際事務所を開設。

　現在、国際業務を中心に行政書士業務、社会保険労務士業務を行っています。

● 事務所の所在地

> **行政書士　佐藤正巳事務所　登録番号08080576**
> 〒101-0047
> 　東京都千代田区内神田1-5-6
> 　　エステムプラザ丸の内ノースライズ701号室
> 　　　　　　　　Tel：03-5913-9750／Fax：03-5913-9751
> 事務所のホームページ：https://www.satomasami.com/
> 企業向けのビザガイド：https://www.zairyusikaku.jp/
> -
> **社会保険労務士法人　東京国際事務所　登録番号13160300**
> 〒101-0047　東京都千代田区内神田1-6-7太陽ビル1階
> 　　　　　　　Tel：03-5318-9840／Fax：03-3518-9841
> 法人のホームページ：https://www.tokyointernational.jp/

● コンサルティングルームの所在地

> 〒101-0047
> 　東京都千代田区内神田1-6-7 太陽ビル1階

ゼロから始める外国人雇用
実務ガイド

2019 年 8 月 11 日　初版発行

著　者　　佐藤正巳

発行人　　大西強司

編　集　　とりい書房　第一編集部

デザイン　野川育美

印　刷　　音羽印刷株式会社

発行元　とりい書房
　　　　〒 164-0013　東京都中野区弥生町 2-13-9
　　　　TEL 03-5351-5990　FAX 03-5351-5991

乱丁・落丁本等がありましたらお取り替えいたします。

© 2019 年　Printed in Japan
ISBN978-4-86334-112-8